PIERRE
TEILHARD DE CHARDIN

BRIEFE AN EINE NICHTCHRISTIN

W

PIERRE
TEILHARD DE CHARDIN

BRIEFE AN EINE NICHTCHRISTIN

WALTER-VERLAG
OLTEN UND FREIBURG IM BREISGAU

Die Originalausgabe wurde 1966 von The New American Library in New York unter dem Titel «Letters to Two Friends» in der Sammlung «Perspectives in Humanism» veröffentlicht. Die französische Parallel-Ausgabe erschien in den Éditions Bernard Grasset unter dem Titel «Accomplir l'homme – Lettres inédites (1926–1952)».
Die deutsche Ausgabe erscheint in zwei Bänden, der erste unter dem Titel: Briefe an eine Marxistin, der zweite unter dem Titel: Briefe an eine Nichtchristin

DIE ÜBERSETZUNG AUS DEM ENGLISCHEN
BESORGTE UNTER MITARBEIT VON LORENZ HÄFLIGER
KARL SCHMITZ-MOORMANN

GESAMTHERSTELLUNG
IN DEN WERKSTÄTTEN DES WALTER-VERLAGS
PRINTED IN SWITZERLAND

ISBN 3 530 87384 5

VORBEMERKUNG

Die «Briefe an eine Nichtchristin» erschienen gemeinsam mit den «Briefen an eine Marxistin» in zwei Originalausgaben, einer französischen und einer amerikanischen. Die Briefe an eine Marxistin hat Teilhard französisch geschrieben, die vorliegende Briefsammlung hingegen englisch. «Auf Bitten von Dr. Ruth Nanda Anshen, der Herausgeberin der Reihe ‹Perspectives in Humanism›, in der die amerikanische Ausgabe erschien, haben zwei Frauen, die mit Teilhard Briefe wechselten und heute in Amerika leben, aus der langen Reihe der an sie gerichteten Briefe die Stellen ausgewählt, die über das Alltagsleben des Autors und die Entwicklung seines Denkens berichten. So ist es gelungen, eine Art von ‹Tagebuch Pierre Teilhard de Chardins› zusammenzustellen, das sich von 1926 bis 1952 – für beide Briefsammlungen – erstreckt, das heißt fast über die ganze Dauer seines Gelehrten- und Priesterlebens. Teilhard vermerkt darin regelmäßig seine Beschäftigungen, seine Pläne, seine Begegnungen mit zahlreichen bekannten Persönlichkeiten, die Wechselfälle seiner Gesundheit, die Widerstände und die Stützen, die er in seinem Orden und in der Kirche findet.» (Aus dem Vorwort von René d'Ouince zur Originalausgabe.)

BRIEFE

Maison Chabanel, 1, Shih Hu Hutung, 5,
Innere Stadt, Peking 9. 5. Juni 1938

Seit meinem letzten Brief sind die Dinge hier ruhig und für mich fast ein wenig monoton ihren Gang gegangen. Nach dem Durcheinander der ersten Tage[1] habe ich zur normalen Routine zurückgefunden: morgens und nachmittags Laborarbeit, zwischen fünf und sieben Uhr nachmittags Geselligkeit und von Zeit zu Zeit eine kleine Party [sehr wenige Cocktails...]. Peking hat ziemlich viel «Luft abgelassen»; und doch gibt es noch einen netten Kreis guter Freunde, der inmitten der japanischen Atmosphäre überlebt.

Wissenschaftlich habe ich reichlich zu tun mit zwei paläontologischen Abhandlungen. Dazu habe ich gerade einen «gemischten Artikel» über Burma beendet, den ich H. senden werde, sobald ich weiß, wohin ich ihn adressieren soll. In diesem Jahr ist es unmöglich, in Chou-Kou-tien die Ausgrabungen fortzuführen, weil der Ort genau zwischen den japanischen Soldaten und den chinesischen Roten liegt. Sollte ich keine Gelegenheit haben, in diesem Winter im Gelände zu arbeiten, wird mir die Zeit im Laboratorium trüb und lang! Und doch ist meine Anwesenheit dort ziemlich nützlich, um das Könozoische Labor so lange am Leben zu erhalten, wie der chinesisch-japanische «Zwischenfall» nicht beigelegt ist. Ich werde in China noch gebraucht, und ich fühle, daß ich es noch mehr brauche. Das macht meine Position hier auch aus diesem Grunde nicht leichter, soweit das Gleichgewicht zwischen Peking und Paris in Frage steht. Aus Paris habe ich gerade gehört, daß ich endgültig in das *Laboratoire des Hautes Études* gewählt worden bin, und mit einem irgendwie schmeichelhaften und rührenden Eifer wollen drei Institutionen mein *Laboratoire* beherbergen

[1] Nach seiner Rückkehr aus Burma

[selbstverständlich möchte ich zu Boule an das *Institut de Paléontologie Humaine* gehen]. Ich plane, wie ich Ihnen gesagt habe, im Oktober über Amerika nach Europa zu fahren und bis zum nächsten Juni in Paris zu bleiben; dann werde ich für mehrere Monate nach China zurückkehren – usw. Wieviel Unerwartetes kann in der Zwischenzeit geschehen. In der Zwischenzeit bin ich auch langsam, aber beständig dabei, meinen Essay über den «Menschen» vorzubereiten, den ich wahrscheinlich in diesem Sommer zu schreiben beginnen werde. Ich fühle mich immer mehr von diesem Teil meiner Tätigkeit angezogen und in Anspruch genommen. Und es scheint, dieser letzte Winter hat mir eine neue Ernte an Klarheit und Gewißheit gebracht: Ich habe den Eindruck, immer deutlicher die wenigen zentralen Punkte wahrzunehmen, die, wären sie besser verstanden und erobert, das Antlitz unserer faszinierenden Welt ändern würden. Ich glaube, der nächste Winter in Paris wird einen entscheidenden Einfluß auf die endgültige Reifung und die mögliche Ausweitung dessen haben, was immer Gutes an meinem «Evangelium» sein mag… Hier in meinem frommen Pekinger Haus fühle ich mich viel wohler als im Herbst, teils infolge eines Wechsels in der Leitung, teils weil ich immer interessantere Kontakte mit einigen von den jungen Leuten hier gewinne. In der geistigen Atmosphäre der Welt ist ganz offensichtlich etwas am Wachsen – und folglich etwas am Sterben.
Physisch fühle ich mich ganz in Ordnung. Das ist ein weiteres Ergebnis von Burma. In diesem Jahr ist das Pekinger Wetter feucht und grau. Die Leute geben dem Krieg die Schuld!

Peking, 22. Juni 1938

Meine amerikanischen Freunde prägen mein Leben wirklich dauerhaft und gründlich, zu einem großen Teil deshalb, weil sie selbst so lebendig sind. Es ist nicht einfach, sich nach fünfundfünfzig Jahren «jung» und warm zu halten... Sie können und Sie müssen mir helfen, den besonderen Glauben zu bewahren und sogar zu vermehren, der das wirkliche Feuer meines Lebens ist. Machen Sie sich keine Sorgen darüber, daß Sie den Eindruck hatten, es könne für mich unangenehm sein, im nächsten Jahr wieder zu den schwarzen «Bonzen»[1] zurückzufahren. Natürlich war das Burma-Leben besser. Doch ist zur selben Zeit die Pariser Atmosphäre psychologisch so gespannt, daß das Gefühl des Kampfes für mich viele andere Empfindungen auswischen wird. Den *Kampfgeist* stark bewahren: das ist wesentlich, um unter allen Umständen glücklich zu sein. Wie ich Ihnen schon sagte, die Aussicht, im nächsten Winter in Frankreich zu sein, ist für mich *nicht* besonders anziehend. Doch sehe ich immer deutlicher, daß ich durch diese Erfahrung *hindurch muß*. Die Briefe meines Freundes B. sind voller anregender Neuigkeiten über die Ausbreitung jener Anschauungen, die der wertvollste Teil meiner Seele sind. Ich fühle, durch diesen neuen Kontakt mit der westlichen Welt wird mein «Evangelium» den letzten [oder vorletzten] Schliff erhalten. Seit meinem letzten Brief habe ich Ihnen nichts Interessantes zu erzählen. Das Leben geht im selben Trott weiter. Der Sommer ist bisher ziemlich regnerisch und mäßig warm – und die Klosterluft ist, wie ich Ihnen sagte, unter dem neuen Einfluß entschieden erträglicher. Außerdem macht es einem nicht so viel aus, große Entfernungen in der Rikscha zu-

[1] Eine humoristisch gemeinte Bereicherung für kirchliche Persönlichkeiten in wichtiger Stellung.

rückzulegen, wenn über den gelben Ziegeln der Kaiserstadt die Bäume tiefgrün und der Himmel dunkelblau sind. Meine zwei paläontologischen Schriften nehmen mich sehr in Anspruch. Doch hoffe ich, beide Mitte Juli zu beenden. Das würde mir genügend Zeit vor meiner Abreise von China geben, um mit der Niederschrift meines Buches «Der Mensch» zu beginnen. Den Rahmen dieser Arbeit habe ich jetzt annähernd klar im Kopf. Ich habe gleichfalls verschiedene interessante Skizzen für Vorträge im nächsten Winter. Das gesellige Leben ist gut, heiter und glatt. Einige interessante Touristen und Zeitungsleute besuchen uns in diesen Tagen – zum Beispiel der junge R., der zur Zeit der Kriege Abessinien und Spanien bereist hat. Trotz seinen traditionalistischen Anschauungen ein interessanter Mann, keineswegs blind für die Mängel des Faschismus. Ich nehme an, Sie machen sich beim Zeitunglesen wie ich Sorgen. Persönlich würde ich die schonungslosen Methoden des Faschismus verzeihen, wenn er nicht antiprogressive Kräfte und Reaktionen beherbergen und ermutigen würde. Doch vielleicht gibt es ihn nicht mehr sehr lange, nicht einmal in Spanien und Italien.

Peking, 3. August 1938

Ich beginne einzusehen, daß es leichter ist zu brennen, denn den Funken immer lebendiger sprühen zu lassen, leichter, ein Leben zu beginnen, denn es sauber zu beenden. Mit anderen Worten, ich werde der Tatsache gewahr, daß ich zu dem schwierigen Teil meiner Existenz gelangt bin.
Die Dinge sind seit meinem letzten Brief gleich geblieben. Die Arbeit geht ziemlich monoton in halbleeren Laboratorien weiter; die Geselligkeit ist noch nicht restlos tot, trotz zu vieler Freunde auf Urlaub oder an der See. Wir sind mitten in der schlimmsten heißen Regenzeit. Etwas ähnli-

stehen. Aber bisher ist die Forschung noch egoistisch und ohne Sinn. Wissenschaftler sind engstirnig, kurzsichtig und haben im allgemeinen ein unterentwickeltes Herz. Sie sind trocken und unmenschlich und so oft häßlich. All das, weil sie graben, ohne nach irgendeinem Himmel auszuschauen. Und ich habe gerade hier vor einer Woche eine Gruppe vielversprechender junger Leute getroffen, die instinktiv denselben Weg gehen. Einiges geht im Menschen vor – dessen bin ich ganz sicher…
Um eines beneide ich Sie: in New York zu sein.

15, rue Monsieur, Paris, 14. Dezember 1938
Persönlich bin ich jetzt recht beschäftigt – mit Denken und Sprechen. Die Leute schwärmen um mich herum, sie suchen und fragen nach einer offenen und realistischen Darstellung des Lebens – aus den verschiedensten und unerwartetsten Winkeln der Gesellschaft. So viele Kontakte geben mir neues Leben und verlangen eine beständige Verbesserung meines «Evangeliums». Tatsächlich finde ich mich immer mehr in der paradoxen Lage wieder, die seit Jahren zu mir gehört. In Frankreich stellt sich der größte Teil meiner Kollegen hinter mich und unterstützt mich vorbehaltlos. Doch in Rom erscheine ich immer verdächtiger. In Lyon wurde mir ein sehr strenger Brief meines «Generals» entgegengehalten, der sich über ein neues Papier von mir beklagte, das durch irgendein Leck herausgekommen ist [kein schlechtes, aber nicht die Art, die ich ausgewählt hätte, um es römischer Kritik zu unterwerfen], und der sich gleichfalls darüber beklagte, daß ich die Köpfe meiner jüngeren Kollegen in China verwirrte [?]. Natürlich bedeutet das neue Einschränkungen. Glücklicherweise sind meine französischen Oberen sehr verständnisvoll, so daß ich ernst-

lich hoffen kann, praktisch unbehelligt davonzukommen. Ich errate ohne weiteres Ihre erste Reaktion: es wäre besser für mich, Widerstand zu leisten und zu brechen. Doch genau das ist, so glaube ich, *nicht* zu tun. Ich bin drinnen hundertmal wirksamer als draußen. Und darüber hinaus zwingt mich meine eigene «Philosophie», bei einer religiösen Bewegung zu bleiben, die ich als den wahren Samen der zukünftigen Dinge ansehe. «Auf den Marktplatz gehen!?» Ich weiß nicht, wie ich das tun könnte, zumindest nicht gerade jetzt. Mein Gefühl sagt mir, es wäre unklug, die Dinge zu forcieren, *solange sie am Wachsen sind.* Und sie *wachsen* in Frankreich [ich meine natürlich nicht das äußere und politische Frankreich] in bestürzender Weise. Es ist meine Überzeugung, daß, wenn wirklich irgendein Bruch geschehen muß, hier noch nicht der natürliche Bruchpunkt vorliegt. Ich möchte meine Schrift über den «Menschen» in der Weise zu Ende bringen, daß ich den wirklichen Kampf um die Frage seiner Veröffentlichung beginnen kann. In der Zwischenzeit habe ich nur eben ein paar Seiten über die *Mystik der Wissenschaft* für die hier herausgegebene Jesuitenzeitschrift geschrieben. Wenn sie [wie ich hoffe] gedruckt werden, würde das ein höflicher Wink an Rom sein, daß ich noch lebe. Und vielleicht werden sie verstehen. Im Grunde haben sie nichts gegen mich: sie sind nur verwirrt und eifrig darauf bedacht, die «Tradition» zu verteidigen.

Paris, 16. Januar 1939

Meine kostbaren Vormittage sind seit vierzehn Tagen von einer wachsenden Zahl von Besuchern gefährlich angekratzt worden: eindringliche und nützliche Gespräche, bei denen ich das Gefühl hatte, tiefer in das Verständnis meiner eigenen Gedanken einzudringen. Ich kann solche Begegnungen nicht bedauern, die vielleicht der beste Teil meiner Arbeit sind. Und doch, wenn man zwischen 8 und 12 Uhr vormittags drei Leute gesehen hat, dann bleibt kaum Zeit für das eigene Schreiben...

Ich freue mich, an Ihnen die Ergebnisse Ihrer letzten Erfahrungen zu beobachten. Vertrauen Sie nur dem Leben: das Leben wird Sie auf die Höhe bringen, wenn Sie nur in dem Labyrinth der Ereignisse sorgfältig solche Einflüsse oder solche Wege aussuchen, die Sie jedesmal etwas weiter tragen können. Das Leben muß Schritt um Schritt entdeckt und aufgebaut werden: das macht seinen großen Reiz aus, wenn man nur [durch Glaube und Erfahrung] davon überzeugt ist, daß die Welt irgendwohin geht.

Seit meinem letzten Brief bin ich für eine Woche in meine heimatliche Auvergne gefahren, wo ich eine Woche bei meinem lieben «heiligen» Bruder und seiner geistreichen Frau verbracht habe. Kaltes Wetter in einem eisigen alten Landhaus. Doch war es so nett, rund um das Feuer zu hocken, obwohl mit dem Holz hereingetragene Schneeklumpen im Treppenhaus noch nicht schmolzen. Meine Schwägerin ist eifrig dabei, die Bauernmädchen in einer der christlichen Berufsgruppen zu organisieren, die sich seit einigen Jahren sehr rasch über Frankreich ausbreiten. Es ist wirklich erstaunlich, wie rasch diese früher scheuen und verschlossenen Mädchen sich in aktive, offene und sogar begeisterte junge Personen verwandeln, sobald sie zu Berufsstolz und zur Achtung der «guten Erde» erwachen.

Und jetzt stecke ich wieder inmitten des Pariser Lebens. Fast jeden Tag neue Kontakte, bei denen ich, was eigenartig genug ist, nicht das Gefühl habe, mich selbst zu verlieren, sondern zu finden. Doch würde es ausgezeichnet passen, wenn ich im nächsten Jahr sechs oder acht Monate zurückgezogen in China verbringen könnte. Ich brauche diese

Zeit, um zu assimilieren und niederzuschreiben, was ich jetzt sehe; und aus irgendeinem dunklen Grunde ist der Ferne Osten das Klima, das mich am kräftigsten zum Schreiben anreizt. Mit Rom scheint die Spannung [soweit ich betroffen bin] abzuklingen: ich habe an meinen französischen Freunden und Kollegen eine gute Stütze. Doch sehe ich voraus, daß ich, wenn es mir [wie höchst wahrscheinlich] erlaubt wird, nach China zurückzukehren, mein Hauptquartier wohl in Tien-tsin aufschlagen muß statt in Peking [wo ich dem kanadischen Direktor des neuen «Klosters» offen unerwünscht bin], zumindest für eine Weile.

Toulouse, 26. Februar 1939

Gerade jetzt bin ich in einem Gastzimmer des Klosters [oder genauer eines Kollegs] meines Ordens in der sonnigen, aus Backsteinen gebauten, stark provinziellen Stadt Toulouse gestrandet. Ich bin vor drei Tagen angekommen und reise morgen ab, zurück nach Paris. In der Zwischenzeit habe ich dann drei Vorträge gehalten – einen davon vor der örtlichen Philosophischen Gesellschaft. Aus diesem Anlaß habe ich eine lange schwarze Soutane angezogen: und trotz Ihrer Vorliebe für diese Art Kleidung fühle ich mich selbst darin höchst unnatürlich. Auf jeden Fall sind die Leute sehr nett zu mir, und dank meinen Diapositiven bin ich ein recht annehmbarer Erfolg gewesen. Und niemand scheint aufgeschreckt worden zu sein, weder durch meine philosophischen Thesen noch durch das äffische Gesicht von Urgroßvater Sinanthropus.

Was mein «Evangelium» angeht, so wird mir immer deutlicher klar, daß meine Möglichkeiten und Neigungen nicht gerade darauf angelegt sind, irgendeine bestimmte soziale Bewegung in Gang zu setzen, sondern dabei mitzuwirken,

eine Art von geistiger Atmosphäre zu schaffen, in der das Ganze eines jeden Lebens erhellt, verwandelt wird, gerade wie ein Edelstein durch den richtigen Lichtstrahl: als ob das Fühlen der ganzen Welt von einer göttlichen Liebe durchtränkt würde. Das ist natürlich im Grunde die christliche Haltung, aber angereichert mit dem besten und wesentlichsten Kern dessen, was hinter den verschiedenen Pantheismen verborgen ist. Ich werde Ihnen das Papier, um das Sie mich bitten, schicken. Der letzte Teil wird Ihnen helfen zu verstehen, was ich meine. [Der erste Teil ist unbefriedigend, weil zu schematisch: ein reiner Katalog.] Auf jeden Fall werden meine Anschauungen jeden Tag durch zahllose Gespräche über immer mehr oder weniger dasselbe Thema deutlicher. Mein Vortrag in Nancy *[Die Mystik der Wissenschaft]*, der das Problem anging, wird vor Ende März veröffentlicht. Und ich habe noch zwei andere kurze Sachen in Vorbereitung. Doch muß ich sobald wie möglich zu meiner Hauptarbeit zurückkommen: dem Menschen.
In Rom laufen die Dinge für mich offensichtlich viel besser. Wie durch höhere Fügung ist einer meiner Kollegen aus Tien-tsin vor einem Monat nach Rom gefahren. Und als Ergebnis von mehrstündigen ernsthaften Gesprächen mit einem der «Großen» dort scheint sich die Atmosphäre sehr zu meinen Gunsten verbessert zu haben. Die Leute dort sind nicht so schlecht: doch wissen sie nicht, was außerhalb ihrer Mauern wirklich geschieht. So scheint jetzt gerade die See nach vorne fast offen zu sein. Ich werde meine Chance wahrnehmen und versuchen, sie nicht zu verspielen.
Im übrigen nicht viel Neues: Schreiben, Sprechen, Vorträge. Kaum Zeit für die wissenschaftliche Forschung: doch ist mir das gleich. Ich gedenke, ein paar Tage in London zu verbringen – Cambridge Ende März. Soweit ich es absehen kann, werde ich Ende Juni von Paris nach New York fah-

ren. Ich glaube nicht, daß irgendwer mich jetzt daran hindern wird, nach Peking zurückzukehren. Vor einigen Tagen traf ich in Paris einige amerikanische Freunde, und wir haben mit den Lindberghs zu Mittag gegessen. Ist das nicht spaßig? Amerika und Frankreich greifen in meinem Leben derart ineinander, daß ich manchmal nicht mehr weiß, wohin ich gehöre.

114, Mount Street, Grosvenor Square, London, W., 30. März 1939

Wie Sie sehen, bin ich in England. Das zählt zumindest teilweise als Erklärung dafür, daß ich mich so wenig beeilt habe, Ihren Brief vom 8. März zu beantworten. Nun, Sie wissen, ich taste selbst nach meinem Weg, und ich tue mein Bestes. Doch manchmal fragt man sich, wo denn der rechte Weg sei. Tatsächlich muß ich bekennen [und Sie haben das rasch erkannt, rascher als ich selbst sogar], daß ich mich wahrscheinlich meiner Kirche und meinem Orden jetzt enger verbunden fühle denn vor einem Jahr. *Keineswegs,* und ich glaube das ehrlich, weil ich in meinem Bemühen um Fortschritt erschlaffe. Und weil ich zum erstenmal in meinem Leben während der letzten drei Monate gefühlt und begriffen habe, daß meine Leute mich wirklich brauchten und wünschten, fühle ich gewisse Möglichkeiten und gewisse Verantwortlichkeiten stärker. Und mir scheint, da ich nicht wünsche [und da es ein Fehler wäre] auszubrechen, habe ich mich selbst logischerweise etwas mehr im Rahmen des Möglichen «anzupassen». Wie Sie wissen, habe ich in jüngster Zeit so häufig mit Evidenz erfahren, daß Leute [sowohl außerhalb als auch innerhalb dessen, was man die Kirche nennt] von mir erwarten, daß ich, wenn ich so sagen darf, ein anderer Typ von Christ *innerhalb* der Christenheit sei, so daß ich nicht sehe, wie ich etwas Nützliches und Wahres tun könnte, es sei denn in irgendeiner Weise die Christenheit über sich selbst hinauszuführen ... Ich bin jedoch noch nicht sicher, was in Rom über meine Rückkehr nach China entschieden worden ist. [Ich habe Ihnen, glaube ich, gesagt, daß ich im November hörte, der neue Pekinger Superior meines Ordens sähe mich nicht gern so nahe seinen jüngeren Leuten – Tien-tsin auf der anderen Seite wünscht mich zurück.] Ich bin praktisch sicher, daß die Dinge nunmehr zu meinen Gunsten geklärt worden sind. Doch habe ich noch nicht die endgültige Antwort [sie wird in wenigen Tagen kommen], so daß alle meine Pläne in der Luft hängen. Mittlerweile habe ich einen ziemlich gut geratenen Artikel veröffentlicht *[Die Mystik der Wissenschaft];* und einen zweiten schließe ich bald ab, ich glaube, er wird auch ziemlich gut; über eine neue Weise, die Frage der menschlichen Rassen anzugehen; so komme ich langsam wieder auf die Bühne. Ich habe das Gefühl, in diesem Winter eine Menge Dinge verstanden zu haben.

In England bin ich seit einer Woche; aber morgen werde ich wieder in Paris sein. Ich hatte ein höchst eindrucksvolles Diner mit dem Professorenkollegium des *Trinity College* in einem riesigen elisabethanischen Saal, unter ich weiß nicht wie vielen «Nobelpreisen» etc. England ist gewiß eine spaßige, aber nette Mischung von Würde und Fortschritt.

Und wie Sie wissen, leben wir zwischen Krieg und Frieden. Ich setze auf den Frieden. Doch die Lage ist gespannt – es ist seltsam, daß man nicht in der Lage ist, irgendwelche endgültigen Pläne für vierzehn Tage im voraus zu machen...

7. Mai 1939

Ich bin beschämt und traurig, daß ich Ihren Brief vom 15. April nicht früher beantwortet habe. Ich war seit Ostern mehr denn je beschäftigt. Alle möglichen Leute kletteten sich an mich, darunter leider auch solch unerwartete Kunden wie katholische Träumer, angehende Genies und sogar eine feministische «Geistliche Vereinigung für Frauen»... Ich werde in Eheaffären hineingezogen, und morgen muß ich ein Baby taufen. Höchste Zeit zu verschwinden – was ich um den 24. Juli herum zu tun gedenke, es sei denn, die *S. S. Champlain* würde in der Zwischenzeit verbrennen.

Als erstes muß ich Ihnen erzählen, daß ich seit meinem letzten Brief an Sie mit meinem Oberhäuptling in Frankreich eine lange Unterredung hatte. Er kam ziemlich niedergeschlagen hier an, da seit dem letzten November noch ein weiteres meiner Papiere [ein ziemlich hartes] nach Rom gelangt war. Doch dank meinen Freunden hier fuhr er ermutigt wieder ab. Tatsächlich ist er, wenn er auch von Ideen nicht viel versteht, doch ein sehr fairer Mann, und er hat mich gern. So ist derzeit praktisch alles o. k. Ich habe die Erlaubnis, nach China zurückzufahren und dann wieder nach Europa, wie eh und je. In der Zwischenzeit versuche ich, meine Anschauungen [meine *wirklichen* Anschauungen] in druckreifer Gestalt zum Ausdruck zu bringen. Ein weiterer Artikel über die *Rassen* wird wahrscheinlich gegen Ende dieses Monats erscheinen. Ich gewinne richtig Spaß an dem Spiel, und zur gleichen Zeit kläre ich meine Ideen über den Menschen. Ein drittes Papier über die Bedeutung und den Wert der menschlichen Erziehung ist fertig, als Schlußwort für ein von einem meiner Freunde vorbereitetes Buch. Sie sehen also, ich bin nicht untätig. Ihre These, daß «Rebellen am meisten leisten», ist eines der schlimmsten Paradoxe des Lebens. Ich frage mich, ob die Lösung nicht in einer

Definition dessen zu suchen ist, was genau das Wort *Rebell* meint. Natürlich fühle ich mich nicht gerade als ein verlorener Sohn. Nur führt die eigentliche Entwicklung meines Geistes mich zu einem *neuen* Verständnis verschiedener Fragen, die ich früher eher summarisch abgetan hätte.
Daneben kaum Neues. Aus Mangel an Zeit und Material arbeite ich nur selten wissenschaftlich. Und das schlimmste ist, ich habe entschieden das Gefühl, daß ich die zupackende Lust an der Geologie verliere. Und doch ist die Geologie meine eigentliche Plattform. Was tun?... Vielleicht muß ich nur wieder ins Gelände zurück. Eines ist gewiß: ich muß ein paar Federn an meinen Hut bekommen. Eine Expedition in das *Hundes Basin* wäre ein Segen, doch habe ich von dieser Seite noch keine Nachricht.
Nutzlos, irgendwelche politischen Überlegungen anzustellen. Alles redet und redet; und niemand auf der Welt, nicht einmal Adolf, weiß, wohin wir treiben. Verbreitet ist die Meinung, daß es keinen Krieg geben wird – oder, genauer, daß der Krieg nicht heißer wird als jetzt: ein «Spannungskrieg» ohne richtige Bomben und Kämpfe. Ich hoffe im stillen, daß in der Zwischenzeit sich in den Massen eine tiefere Evolution in Richtung eines dauerhaften Internationalismus vollzieht, so daß eine neue Welt emergieren wird. Eine Massenerfahrung [und leider ein Massenleiden] scheint die Voraussetzung für eine Massentransformation zu sein.

Berkeley, 2. August 1939

Mein Aufenthalt hier ist ganz entschieden angenehm. Ich habe haufenweise interessante Leute aus meinem Fach gesehen, und mein Interesse für die Wissenschaft ist wieder lebendig wie je. C. war schrecklich nett und freundlich; und viele andere ebenso. Zur gleichen Zeit aber gewann ich neue

Beweise für das Bedürfnis so vieler Wissenschaftler nach einem höheren Verständnis ihres wissenschaftlichen Bemühens. Die meisten von ihnen arbeiten eindeutig rein instinktiv – und sie bemerken nicht, wie tief ihr Tun durch ihr mangelndes Verständnis für die Bedeutung der Forschung und manchmal auch durch ein ausdrückliches Mißtrauen gegenüber menschlichen Werten gehemmt oder sogar unterminiert wird. Wirkliche «moralische Aufrüstung» ist heute die grundlegende Notwendigkeit. Doch muß sie auf einen beständigeren Grund gestellt und nach konstruktiveren Methoden geplant werden als jenen, welche von den Buchmaniten verbreitet werden. Ja, ich weiß, was Sie denken. Eines Tages, vielleicht, werde ich sehen...
Heute nacht fahre ich ab. Im Westen viele Wolken. Doch fühle ich unmißverständlich, daß ich, tue ich nicht den Schritt nach China, auch *nicht* wissen werde, wohin ich danach meinen Fuß setzen soll. Alles hängt im Leben zusammen. Meine nächste Position hängt davon ab, wie meine Situation in Peking sich entwickeln wird.

Kobe, 23. August 1939

Ich fahre morgen auf einem kleinen japanischen Schiff unter recht zweifelhaften Bedingungen von Kobe nach Tangku. Der heute bekanntgewordene deutsch-sowjetische Vertrag macht die menschliche Atmosphäre nicht klarer, und dies trotz der folgenschweren Tatsache, daß er ein zweites Mal gegen den Naziglauben [aufgrund des Antikomintern-Dogmas] verstößt, und zwar noch gründlicher als bereits die Annektierung der Tschechoslowakei [die der Rassentheorie widerspricht]. Ich frage mich, in welchem Maße dieser ideelle Verlust für Hitler durch irgendwelche materiellen Vorteile aufgewogen werden wird. Schwierigkeiten, wohin man blickt. Wir werden sehen. Der Reise nach Peking scheint nichts entgegenzustehen, das letzten Endes ein recht guter und sicherer Platz ist, um die Dinge zu beobachten. Nach all diesen Wochen ununterbrochenen Reisens fühle ich das moralische und physische Bedürfnis, für eine Weile stillzusitzen. Und wie ich Ihnen schon sagte, sehe ich klar, daß ich diesen neuen versuchsweisen Kontakt mit Peking aufnehmen muß, um zu wissen, wohin ich als nächstes meinen Fuß setzen soll. Wenn ich nicht von irgendwoher einen Brief erhalte, der mir eine andere Methode vorschlägt, möchte ich das überflutete und blockierte Tien-tsin vermeiden und auf direktem Wege nach Peking fahren. Ich werde Ihnen von dort schreiben.

Peking, 17. September 1939

Und was nun!...Was für ein entsetzliches Durcheinander in der ganzen Welt, mit noch so vielen Wolken, die vielleicht bersten werden [Russland? Italien?]. Ich möchte wissen, was Sie denken, was Sie fühlen.

Was mich angeht, ist die Lage folgende. Von Kobe gelangte ich fast ungeschoren nach Peking, wenn Sie von einer Nacht auf einem Fußboden in Tangku, wo die Schiffe aus Japan anlegen, und einer mühseligen Achtstundenreise auf einem überfüllten Boot zwischen Tangku und dem überfluteten Tien-tsin absehen. Unmöglich, in Tien-tsin zu bleiben. Ich fuhr geradenwegs nach Peking und war so durch das «Eingreifen Gottes» gezwungen, in mein Pekinger Haus zurückzukehren, wo ich von dem berühmten kanadischen Oberen durchaus nett willkommen geheißen wurde. Auf dieser Seite sind die Dinge in Ordnung; und ich bin froh darüber. Ich bin folglich in der Kaiserstadt vorläufig gut untergebracht. In Tien-tsin geht das Wasser zurück. Da aber ein Teil

der Stadt *unter* dem Normalpegelstand des Flusses liegt, müssen Reste der Überschwemmung herausgepumpt werden. Ich plane, gegen Ende des Monats dorthin zu fahren, um nach meinen Freunden und meinen Sachen zu sehen. Gegenwärtig beherbergt die Universität einige 800 Flüchtlinge, und es ist dort kein Platz für mich.
Folglich habe ich mein altes Leben in Peking wiederaufgenommen, das trotz einer kleinen Gruppe von Freunden [meist Amerikanern] nicht mehr das alte Peking ist, abgesehen von seinem wunderbaren Herbsthimmel. Vormittags und nachmittags gehe ich in meine fast leeren Laboratorien, wo ich glücklicherweise mit dem unbeschriebenen Material noch viel zu tun habe [in Chou-Kou-tien natürlich keine Ausgrabungen mehr]; und dazwischen komme ich langsam, aber beständig mit der Niederschrift des «Menschen» voran, meinem besten und einzigen Weg, für eine bessere Welt zu kämpfen. Hier merkt man kaum, daß in Europa Krieg herrscht, vor allem solange noch keine Briefe über die neue Lage angekommen sind. Der vergangene Krieg hat mich gemacht. Ich möchte gerne hoffen, daß der gegenwärtige mich vollenden wird. Doch weiß ich bisher nicht, wie das möglich sein könnte! Auf jeden Fall ist es mir lieber, daß der Krieg mich hier überraschte und nicht in Europa. Da ich für den aktiven Dienst zu alt bin, wäre ich schrecklich verlegen gewesen, was am besten zu tun sei. Hier zumindest habe ich keine Wahl als zu warten, zu beobachten und zu arbeiten. Bisher noch keine Nachricht, weder von meiner Familie noch von meinen verschiedenen Freunden.
Im übrigen nichts Neues. Meine Pläne sind ebenso verschwommen wie die Entwicklung des Krieges.

Peking, 6. Oktober 1939

Ich frage mich, was Ihr nächster Schritt im Leben sein wird: ich denke daran, und ich bete sogar dafür. Könnten Sie doch den Weg finden, der Sie zu Ihrem höchsten und wahrsten Selbst führt! Behalten Sie die richtige Richtung aufwärts – und hoffen Sie auf dauernde Entdeckung – und vertrauen Sie dem Leben. Das ist alles.

Persönlich bin ich noch in einer ziemlich «gemischten» Lage. Aus irgendwelchen dunklen Gründen fühle ich mich physisch oder, wenn Sie es vorziehen, nervlich noch nicht ganz mich selbst. Eine nur vorübergehende Verschärfung, so nehme ich an, gewisser Anlagen, mit denen ich seit der Kindheit zu leben hatte. Im übrigen der alte Trott, nur mit dem einen Unterschied, daß es jetzt viel weniger Parties gibt, was mir natürlich nichts ausmacht. Das gesellige Leben in Peking ist etwas eingeschränkt; und darüber hinaus muß ich besonders vorsichtig sein, um die Leute in meinem Kloster nicht vor den Kopf zu stoßen. Die Dinge werden sich nach und nach von selbst regeln, dessen bin ich sicher. Vorläufig sehe ich für mich nichts Besseres, als mich um das Labor und meine persönliche Arbeit zu kümmern. Ich schreibe verschiedene wissenschaftliche Papiere [recht interessante Aufsätze für unser Bulletin] und versuche hauptsächlich, mein Papier [oder genauer mein Buch] über den «Menschen» voranzubringen. Und dabei frage ich mich, ob ich nicht etwas tun sollte, was der gegenwärtigen Lage der Welt angemessener wäre. Aber was?...

Tatsächlich habe ich die größten Schwierigkeiten, den gegenwärtigen Krieg zu verstehen und zu *fühlen*. Liegt das daran, daß ich von der europäischen Atmosphäre geographisch oder von den militärischen Zusammenstößen und Methoden psychologisch zu weit entfernt bin? Doch ich reagiere auf die Krisis nicht so wie 1914. Ich habe

sogar den Verdacht, daß in Europa die Völker, obwohl sie entschlossen sind, die Nazis zu Boden zu werfen, *keinerlei* Kriegs*geist* haben. Wäre es möglich, daß wir nach und nach gegen die Anfälle rein brutaler Gewalt «immun» würden? Möglicherweise liege ich völlig falsch, weil meine Perspektive durch die Pekinger Luft verzerrt wird, wo alles sozusagen unverändert weitergeht [bisher ist hier so gut wie kein Ausländer nach Europa zurückgerufen worden!]. Doch habe ich eine Art Gefühl, daß wir durch einen erfolglosen Krieg gewaltigen politischen und sozialen Veränderungen entgegengehen. Und mich interessieren nur die Veränderungen. Sobald sie eintreten, wird ein internationalistisches [und wirklich «globales»] Ziel und Ideal erforderlich sein. Auf dieser Forschungslinie kann ich vielleicht einiges tun. Und in diesem Geiste versuche ich, mein Bestes, mein Buch, zu Ende zu bringen. Wenn ich nur in der Zwischenzeit etwas sähe, was ich mit meinem Leben *tun* könnte... Nun, wir werden sehen. Helfen Sie mir zu sehen.
Bisher aus Frankreich keine Nachricht. Ich habe nicht die geringste Ahnung, was meine beiden Brüder und so viele Freunde tun. Solange sich die Lage nicht verändert, sehe ich nicht den geringsten Grund und nicht einmal einen Vorwand fortzugehen. Was könnte ich überhaupt jetzt in Frankreich tun?... Nur, um an dem heißen Punkt der lebenden Welt zu sein? Ja, letzten Endes mag das ein wirklicher Grund sein. Es war mir immer ein dringendes Bedürfnis, an der Grenze zu stehen, dort, wo die Dinge sich bewegen. Was halten Sie davon?

P. U. M. C., Department of Anatomy, Peking, 20. November 1939

Es ist schon so lange her, daß ich Ihnen schrieb und seit ich von Ihnen hörte. Anscheinend ist die Post zum Verzweifeln langsam in diesen Tagen [zwei Monate, bis ein Brief aus Frankreich ankam!]. Und dann verliert man jede Hoffnung, einen Brief zu erhalten, und den Drang, einen zu schreiben...

Soweit es mich betrifft, nichts Neues, außer daß ich mich entschieden besser fühle. Ein Tag folgt auf den andern in einem höchst «regel-mäßigen» Leben. Von Zeit zu Zeit esse ich in der Stadt oder fahre ich wie gestern sogar zu einem erfreulichen Picknick in der nackten Schönheit der Western Hills. Ich schreibe einige wissenschaftliche Aufsätze, die in Kürze in unserem Bulletin veröffentlicht werden sollen. Und ich gehe Schritt um Schritt die lange Straße weiter, die zum Abschluß meines erträumten Buches über den «Menschen» führt. Im Februar dürfte ich vielleicht die Mitte des Werkes erreichen; und dann, so fühle ich, wird die zweite Hälfte laufen, als ginge es einen sanften Hügel hinab. Das Schreiben dieses Essays ist die Achse und der ernsteste Teil meiner Tätigkeit geworden. Etwas muß klar und kraftvoll *für* den Menschen gesagt werden [oder zumindest *vorbereitet* werden: wer würde in diesen Tagen zuhören?...]. Es ist so leicht, im Hinblick auf die Gegenwart und die Zukunft der Erde pessimistisch oder zynisch wie der liebe Hooton zu sein! Ich muß die andere und wahrere Seite der Dinge zeigen. Wenn ich das tun kann, wird mein Leben erfüllt sein. Und wenn ich dazu hier im ruhigen Peking bleiben muß, anstatt meinen Teil an den europäischen Wirren zu nehmen, werde ich es nicht bedauern. Wenn der Sturm im Westen vorüber ist, werden die Leute eine konstruktive Hoffnung brauchen.

Über den Krieg im Westen kenne ich bisher kaum irgendwelche anderen als die Propagandaberichte der Zeitungen. Manchmal gewinnt man von hier aus mehr und mehr den Eindruck, das alles werde in einer Art gewaltiger Neuanpassung ohne irgendwelche große Kämpfe nach altem Stil zu Ende gehen. Mit Verwunderung sieht man, wie die Dinge unbezwinglich anders auswachsen, als wir sie gesät und geplant hatten... Auf jeden Fall aber glaube ich, daß diese Neuanpassung groß und tief sein wird – und *nicht* konservativ, so denke und hoffe ich. Viele Dinge in dieser Welt können gehaßt und bekämpft werden. Und doch gibt es nur einen Feind, gegen den ich gern mein Leben restlos einsetzen würde: die Unbeweglichkeit, die Immobilität.

P. U. M. C., Department of Anatomy, Peking,
13. Dezember 1939

Hier immer derselbe Trott. Doch die Aufgaben häufen sich allmählich ganz schön.
Zunächst einmal werde ich immer mehr von der wissenschaftlichen Tätigkeit beansprucht. Wir haben gerade eine neue ganz von mir geschriebene oder umgeschriebene Nummer unseres Bulletins zur Druckerei geschickt. Und jetzt habe ich als Ergänzung zu eher paläontologischen Beschreibungen beschlossen, einen Grundriß der «Kontinentalen Geologie von Ostasien» zu schreiben, in dem ich das Beste von dem zusammenfassen möchte, was ich seit fast 20 Jahren im Gelände gelernt habe. Andererseits scheint unser Museum in Tien-tsin im Frühjahr nach Peking umziehen zu müssen – und zwar als Forschungsinstitut, eine Idee, für die ich verantwortlich bin. Diese Änderung könnte möglicherweise für die Entwicklung der Geologie und Human-Forschung in China bedeutungsvoll werden. Natürlich gehöre

ich nicht direkt und offiziell zum *staff* der Institution; ich habe eher die Funktion eines Beraters. Solch eine Umwandlung würde mir eine viel unabhängigere und angenehmere Stellung in Peking verschaffen. Umgekehrt möchte ich mich nicht noch fester binden, falls mich etwas Wichtigeres anderswohin rufen sollte. Tatsächlich bauen wir hier auf einem stark schwankenden Boden: niemand weiß, wie lange ein westliches Institut hier in der nächsten Zukunft toleriert werden wird. Möglich, daß ich von dieser Seite her sogar schneller frei wäre, als mir lieb ist!

Soviel zur Wissenschaft. Wie Sie wissen, liegt die Achse meines Lebens anders und höher. Das Buch über den «Menschen» macht regelmäßige Fortschritte. Nicht besonders schnelle, aber im Schnitt eine Seite am Tag. In zwei Monaten wird möglicherweise der verwickeltste Teil der Arbeit [Leben] fertig sein, und ich werde mit dem Denken und dem Menschen auf sicherem Boden stehen. Dann fühle ich mich auf dem sichersten Abschnitt der Reise, nämlich dem absteigenden. Tatsächlich habe ich bereits mehr als den halben Weg hinter mir, weil sich der Aufbau des Buches insgesamt immer mehr klärt, sogar in den Einzelheiten, während ich den endgültigen Text niederschreibe. Die vier Teile heißen jetzt endgültig: Das Vorleben [Materie], Das Leben, Das Denken, Das Überleben. Der vierte ist mein pet.

In der Zwischenzeit fuhr ich nach Tien-tsin, um, wie wir es nennen, *Exerzitien* zu machen. Acht Tage der Selbstbesinnung sind ganz schön lang. Doch es war eine nützliche Zeit, und in Tien-tsin hatte ich ein bequemes und sonniges Zimmer. Ich versuchte, deutlicher und konkreter einen liebenden Einfluß beim «Alpha» und vor allem beim «Omega» unserer Welt und unseres Lebens, die noch im Werden sind, zu erkennen, und ich hoffe, ich habe mich selbst nicht allzusehr getäuscht... Äußerlich hat sich Tien-tsin offensichtlich

von der Überschwemmung erholt. Doch die Blockade war noch immer gleich schlimm. Die Franzosen werden relativ gut behandelt. Doch muß man die langen «Schlangen» von Chinesen gesehen haben, die Stunden und sogar Tage warten, um in die Konzessionen eingelassen zu werden, und die Prozession mit Gemüse beladener Wagen und die zur Kontrolle abgeladenen Kohlen oder Eier. Es geht um die Frage, wer zuerst nachgibt, die Briten oder die Japaner. Beide scheinen gleich stur zu sein.
Endlich habe ich vor einigen Tagen ein Bündel Briefe aus Frankreich bekommen. Der eine meiner Brüder ist mobilisiert worden [an ungefährlicher Stelle] und der andere nicht [doch sein zwanzig Jahre alter Sohn wird in diesem Winter einberufen]. Zu dem Zeitpunkt, als die Briefe geschrieben wurden [im Oktober], ging es um die Frage, wie das nationale und private Leben trotz der umfassenden Mobilisierung von Menschen und Material oder Lebensmitteln in Gang zu halten sei. Ich glaube, die Lage hat sich seither entschieden gebessert. Als ich diese Briefe las, fühlte ich mich von den Ereignissen etwas stärker betroffen und ein leises Heimweh. Doch dieser Krieg vermag mich immer noch nicht wirklich zu packen. Ich begreife seine Dringlichkeit und sein Drama und sogar, welch hohes Ziel es ist, die Herrschaft der materiellen Macht zurückzudrängen. Doch habe ich das dunkle Gefühl, daß die Alliierten allzusehr um der Ruhe und Stabilität [oder, genauer, der Immobilität] willen kämpfen; und dieser Punkt wird für mich immer klarer: der einzige Kampf, an dem ich gerne teilnehmen möchte und für den ich sogar das Leben einsetzen könnte, wäre eine Schlacht für den Aufbau und die Bewegung nach vorn. Ebenso sollten die Historiker deutlicher zwei sehr verschiedene Typen von Kreuzfahrern oder Märtyrern unterscheiden: solche, die sich für die Erhaltung, und solche,

die sich für die Veränderung von etwas Altem töten ließen. Ich nehme an, daß die jeweiligen Positionen in Europa nach einiger Zeit klarer werden, und ich hoffe noch immer, daß sich ohne größeren Zusammenprall ein Übereinkommen erreichen läßt. Es ist so seltsam, daß Rußland zum Feind Nr. 1 geworden sein soll. Wie immer auch das Ende aussieht, die Welt muß unter einem besser definierten gemeinsamen menschlichen Ideal grundlegend neu zusammengepaßt werden. Das ist das einzige, was ich zu sehen glaube.

10. Januar 1940

Nun, im Augenblick ist meine Existenz, so fürchte ich, über-regelmäßig. Infolge der geographischen Lage meines Nordpekinger Klosters sehe ich kaum jemanden, vor allem nicht am Abend. Für eine gewisse Zeit habe ich jedoch, weil ich innerlich beschäftigt bin, gegen diese Situation grundsätzlich nichts einzuwenden. Seit meinem letzten Brief schrieb ich einen weiteren wissenschaftlichen Aufsatz; ich schickte meiner Pariser Zeitschrift [den strengen *Études*] einige Seiten über die Bedeutung des derzeitigen Krieges, die wahrscheinlich gedruckt werden; ich habe eine lange Rezension zu H.s Abhandlung über Indien geschrieben [mit einigen freundlichen Kritiken an P.]; ich entwarf einen ersten Arbeitsplan für ein Buch über die Kontinentalgeschichte Chinas, von dem ich träume; und schließlich schrieb ich jeden Tag einige weitere Abschnitte des «Menschen», so daß die Niederschrift fast zur Hälfte fertig ist. Da ich jeden Tag anderthalb Stunden, in meiner Rikscha sitzend, den eisblauen Himmel und die chinesisch-japanische Menge anstarren muß, habe ich, das werden Sie mir einräumen, einige Entschuldigungen dafür, daß ein vorwurfsvoller Haufen unbeantworteter Briefe auf meinem Tisch liegt.

Um ehrlich zu sein, Sie könnten vielleicht, wenn Sie mich ins Kreuzverhör nähmen, bisweilen in all dem eine gewisse Fiebrigkeit entdecken. Doch insgesamt fühle ich mich besser als im letzten Herbst. Und wirklich, weil ich mich geistig klar und lebendig fühle, glaube ich, es gibt für mich nichts Besseres, denn entlang einer interessanten und schöpferischen Linie weiterzugehen. Trotzdem, was ich Ihnen oben *à propos* meines klösterlichen Lebens sagte, sind die Gelegenheiten zur Entspannung nicht so selten. Vor zwei Tagen hatten wir zur Feier des 70. Geburtstages Dr. Grabaus einen sehr fröhlichen Abend mit phantastischen Cocktails und Speisen in einem schönen chinesischen Haus. Ich war *Toastmaster* [!!], und der erste, der nach mir sprach, war der amerikanische Botschafter [!!]. Auch an Weihnachten verschiedene nette Zusammenkünfte.
Ich vergaß, Ihnen zu berichten, daß ich plane [oder, genauer, plante], den Februar und März in Yunnan zu verbringen, um wieder mit Dingen und Freunden dort unten in Berührung zu kommen. Doch einige materielle Schwierigkeiten im Labor scheinen mich daran zu hindern, jetzt abzureisen. Davon abgesehen habe ich für Mitte und Ende 1940 keine Pläne. Für mich hängt alles von der Entwicklung des Krieges ab. Hier im Fernen Osten geht die Invasion weiter. Bisher noch keine Anzeichen einer wirklichen Versöhnung zwischen den gelben Vettern: ich fürchte, der Abgrund zwischen den Gefühlen war noch nie so tief. Und doch ist kein Frieden möglich ohne Sympathie. Trotz all dieser Wirren bin ich immer mehr davon überzeugt, die gegenwärtige Krise ist um der Geburt einer neuen Welt willen da. Es wäre mir lieb, wenn mein Buch gerade dann zur Veröffentlichung fertig [und genehmigt...] wäre, wenn der Kampf vorüber ist.

P. U. M. C., Department of Anatomy, 4. März 1940

Nun, der Februar ging vorüber mit seiner üblichen Kältewelle und den roten Laternen des chinesischen Neujahrs. Nur wenig Schnee, ein schöner und trockener Pulverschnee, der unter strahlender Sonne dahinschwand. Die Chinesen waren so fröhlich wie möglich; doch dieses «Möglich» war durch die Lebensmittelfrage begrenzt, die für die Einheimischen, wenn nicht sogar für die Ausländer, akut wird. Schlechte Aussichten für den kommenden Monat bis zur nächsten Ernte [wenn nicht dazu noch eine Trockenheit oder eine Überschwemmung kommt...]. Keine Exporte, kaum Importe und Inflation. Und keinerlei Anzeichen dafür, daß wir uns dem Ende des östlichen «Zwischenfalles» nähern... Ich plante, wie Sie wissen, in diesem Winter nach Yunnan zu fahren. Wie ich Ihnen vielleicht schon schrieb, mußte ich auf diese Reise verzichten, weil meine Anwesenheit im Labor hier für notwendig erachtet wurde. Folglich der übliche Trott. Tatsächlich hatte ich seit Jahren nie mehr so viel Zeit, um in Ruhe zu arbeiten. Verschiedene wissenschaftliche Papiere sind bereits gedruckt oder in Vorbereitung. Und der «Mensch» kommt auch mit gleichmäßigem Tempo voran. Jetzt bin ich ganz entschieden über dem Berg. Möglicherweise bin ich vor Juli fertig. Ich hoffe, es ist gut. Doch bin ich seit Monaten so sehr in das Thema versenkt, daß ich darüber kein Urteil abgeben kann. Auf jeden Fall muß ich zu Ende kommen – und jetzt hoffe ich, es zu schaffen.

Von Frankreich kommen jetzt regelmäßig Nachrichten. Ich habe den Eindruck, das Ende des Krieges wird von der Seite kommen, von der wir es am wenigsten erwarten. Wir denken noch an ein Schlachtfeldfinale. Doch in der Zwischenzeit bildet und entwickelt sich, und zwar *unter dem Druck der Überanstrengung,* Schritt um Schritt eine neue Ordnung.

Und wenn die Ordnung geboren ist, wird ein unmöglicher und nutzloser Streit möglicherweise von selbst aufhören. Was Frankreich angeht, bin ich betroffen von der Vermischung der Menschen und der sozialen Klassen, die durch die Evakuierungen, die Mobilisierung und den allgemeinen Druck zustande gebracht wird: ein vollständiges Aufrühren und ein Neuguß der Nation in einem großherzigen Geist. Dasselbe gilt, so vermute ich, für andere Völker.
Das gesellige Leben ist sehr bescheiden. Doch von Zeit zu Zeit verlebe ich einen netten Nachmittag oder ein fröhliches Essen. Am letzten Sonntag veranstalteten wir ein hübsches Picknick in einem Tempel der Western Hills: ein saftiges Schaf nach «Mongolenart», das man an langen Spießen selbst auf einem Grill röstet; mir hat der Spaziergang in die kahlen Hügel Freude gemacht. Aber ich spürte eine Art Heimweh nach der Arbeit im Gelände. Seit Burma habe ich keinen richtig engen Kontakt mehr mit Mutter Erde gehabt!
Im Augenblick kann ich Ihnen nichts über meine Zukunftspläne sagen. Schließlich werde ich nach Europa zurückkehren müssen, und ich nehme an, ich brauche es. Doch wäre es nutzlos, irgendeine Entscheidung zu treffen, bevor der Frühling [vielleicht] dem Krieg eine neue Wende gibt. Und bis dahin sitze ich hier fest. Weidenreich kehrt nicht vor Juli zurück. Wir werden, das steht fest, im April oder Mai das Tien-tsin-Museum hierherverlegen.

Peking, 8. April 1940

Es war sehr nett von Ihnen, mir das Häßliche Entchen und die hübsche Osterkarte zu schicken, die beinahe rechtzeitig ankamen... Nachdem mir mein Orden jahrelang praktisch völlige Bewegungsfreiheit gelassen hatte, spüre ich ganz deutlich, wie sich Schritt um Schritt [zumindest solange ich hier in meinem Kloster bin] der Rahmen der «Regularität» fester um mich zusammenzieht, der keineswegs zu der Art meiner Tätigkeit paßt, den ich aber aufgrund einer Menge höherer Gründe anzunehmen und bis zu einem gewissen Ausmaß zu beachten mich verpflichtet fühle – weil ich keine Wahl habe als zu brechen [was egoistisch und töricht wäre] oder, soweit ich es fertig bringe, *regel-mäßig* zu sein. Wahrscheinlich ist es für Sie schwierig, das Problem zu verstehen, doch es ist da. Auch dieses Mal hoffe ich damit durchzukommen, daß ich soweit wie möglich gleichzeitig für die verschiedenen und anscheinend widersprüchlichen Seiten der Wirklichkeit offen und zur Antwort bereit bleibe. Doch kann ich jetzt noch nicht genau voraussehen, wohin mich diese komplizierte Entwicklung führen wird. Eines jedoch weiß ich, daß nämlich diese Evolution immer geradliniger in Richtung einer umfassenderen und menschlicheren Wahrheit geht, die seit Jahren der einzige Grund und die Seele meines Lebens sind. Ich weiß, was Sie denken: das Entlein bei den Enten und der kleine Schwan bei den Schwänen... Ich sah bisher niemals, und ich werde offensichtlich niemals einen Grund, den *wirklichen* Grund sehen [nach dem ich mich oft instinktiv gesehnt habe], der mir angesichts des Lebens erlaubte, zur Freiheit zurückzukehren...

Nicht viel Neues in den letzten Wochen. Der Frühling ist gekommen, ein typischer nordchinesischer Frühling: klar, trocken, windig, staubig. Kirschen- und Aprikosenbäume stehen überall wie rosa Wolken zwischen Staubwolken. Gestern verbrachte ich meinen Sonntagnachmittag in den Hügeln. Herrlich. Aber immer dieses Gefühl, daß lange Fahrten ins Gelände unmöglich sind und nunmehr für lange Zeit unmöglich bleiben. Zumindest haben wir einigerma-

ßen begründete Hoffnungen, in absehbarer Zeit unsere Chou-Kou-tien-Ausgrabungen nach mehr Peking-Mensch wiederaufnehmen zu können. Das würde neues Leben und neues Blut in den Adern des Laboratoriums bedeuten.
Ich erzählte Ihnen wahrscheinlich schon von dem Plan, die Tien-tsin-Laboratorien hierher nach Peking zu verlegen und so in der Stadt unser privates kleines Institut zu bekommen. Wenn er verwirklicht wird [wie ich noch hoffe], würden damit automatisch eine Menge meiner häuslichen Schwierigkeiten gelöst. Aber gerade als alles bereit war, wurde irgendeine Erlaubnis notwendig, die noch nicht eingetroffen ist. So stecken wir immer noch in unserer alten Lage. Wenn die Dinge gut ausgehen, würde die Übersiedlung sogleich beginnen. Viel Unruhe. Aber nachher Frieden.
Aus Europa nichts, außer was Sie aus den Zeitungen in Amerika wissen. Und die Propaganda ist so verwirrend und schrecklich, von der einen Seite wie von der andern. Ich fürchte immer noch, die Alliierten scheinen nicht zu verstehen, daß kein Ende und kein Friede – ich meine, kein wirklicher Friede – erwartet werden kann, es sei denn aus einer vollständigen Neueinstellung. Die Schwierigkeit dabei ist, daß die Neueinstellung eine intellektuelle und moralische Änderung in den Menschen selbst einschließen müßte. Möglicherweise wird sich das aus dem langen und schrecklichen Druck ergeben, dem wir jetzt unterworfen sind.

Peking, 18. April 1940

Heute habe ich es ziemlich eilig, weil ich morgen für einige Tage nach Tien-tsin fahre und viele Dinge vorher erledigen muß. Der Grund für diese Reise ist [ich hoffe zumindest!] der Transport unserer Tien-tsin-Laboratorien nach Peking.

Doch ist noch ein kleiner Haken bei der Sache. Im letzten Augenblick hatte mein Ordensoberer einige Befürchtungen angesichts einer solchen Veränderung bei der gegenwärtigen Weltlage. Wir warten noch auf das Kabel mit der endgültigen Antwort. Es wird eine positive Antwort erwartet, doch ist noch nichts absolut sicher... Wir wollen das Beste hoffen. Schlimmstenfalls, d.h. wenn ich hier in meinem Kloster bleiben muß, anstatt an einen fröhlicheren Ort umzuziehen – nun, ich glaube, ich würde es philosophisch hinnehmen. Schließlich ist es kein Sonntagsspaziergang, mit einer ganzen Bibliothek und zahllosen Sammlungen umzuziehen. In meinem nächsten Brief werde ich Ihnen darüber berichten.

Sonst nichts Neues. Der Frühling ist wunderbar, und ich freue mich gerade meinem chinesischen Fenster gegenüber an zwei großen Apfelbäumen, die mit Blüten so dicht wie mit Schnee bedeckt sind. Nicht zuviel Wind oder Staub. In den letzten Wochen machte meine Schreiberei annehmbare Fortschritte, so daß ich das Ende meines Buches abzusehen beginne: in zwei Monaten möglicherweise... Ich fühle, es wird für mich eine Erleichterung sein, frei zu werden, um in weniger anstrengender und weniger abgegrenzter Weise zu denken. Ich muß andere Probleme oder dieselben Probleme unter einem anderen Blickpunkt in Angriff nehmen.

In den letzten Tagen scheinen sich die Dinge in Europa beschleunigt zu entwickeln. Ich fühle wie Sie das Ärgernis der ganzen Situation. Und doch, zur selben Zeit bin ich derart von der Größe der Änderung überzeugt, welche die Erde braucht und erwartet, daß ich mich bereit fühle, jegliche Umwälzung und jeglichen Druck anzunehmen. Für eine neue Welt brauchen wir Massengefühle, und die Gefühle der Masse evolvieren nicht, außer in einer weltweiten Reaktion. Die Frage führt immer zu demselben Dilemma zurück. Entweder ist die Welt absurd; und dann ist natürlich nichts zu machen; uns bleibt nichts als die Flucht. Oder die Welt geht irgendwohin. Dann findet sie ihren Weg durch jegliche Schwierigkeit und Not hindurch. Und die Welt kann nicht absurd sein: wie könnten wir sonst hier sein und sie kritisieren?...

Peking, 29. Mai 1940

Ich habe Ihren Brief vom 9. April erhalten. Ich würde ihn natürlich viel schneller beantwortet haben, hätte ich nicht seit einigen Wochen ziemlich hektisch gelebt – zunächst wegen des Transportes unseres Tien-tsin-Labors und auch infolge der schrecklichen Dinge, die sich gerade jetzt in Frankreich ereignen. Es ist nicht leicht, sein inneres Gleichgewicht unter solchen Umständen zu bewahren. Auch Ihnen geht die Lage sicher nahe.

Was mein chinesisches Leben angeht, so sagte ich Ihnen schon, daß ich beschäftigt war. Das Tien-tsin-Material auszuräumen und zu verpacken, gab eine Menge Arbeit. Jetzt habe ich vielleicht einige Wochen lang zu warten, bis die Kisten durch die Blockade kommen und Eisenbahnwaggons finden, um die achtzig Meilen von Tien-tsin nach Peking hinter sich zu bringen. Bis dahin, so hoffe ich, werden wir, heute in einer Woche, in unserem vorläufigen Heim eingezogen sein, das entschieden zu dunkel, aber sehr gut im Botschaftsviertel gelegen ist. Bis dahin hoffe ich auch, die Niederschrift meines Buches beendet zu haben, von dem nur noch ein Teil in die Maschine geschrieben werden muß. Jetzt, da das Ding erledigt ist, beginne ich mich zu fragen, was es wirklich wert ist. Auf jeden Fall ist es fertig, und ich werde nichts mehr ändern. Vielleicht werde ich nach einigen Wochen, sobald ich mit mir selbst im reinen bin, entdecken, daß das, was ich auszusagen versuchte, doch noch etwas anderes ist. So oder so bin ich entschlossen, mein Bestes zu versuchen, damit dieser Essay angenommen und gedruckt wird. Doch dafür muß ich das Kriegsende abwarten. Und was für ein Friede wird das sein?...

Ich würde schrecklich gerne mit Ihnen über diese Dinge sprechen. Insgesamt bin ich noch Optimist, aber hauptsächlich auf lange Sicht. Von Anfang an war ich positiv erschreckt darüber, wie ausschließlich «konservativ» die Position der Alliierten im Krieg war. Sie kämpften, um eine Situation zu halten, und nicht klar genug, um den Menschen und die Erde besser zu machen. Wenn nur dieser furchtbare Schock uns zu dem Sinn für den Aufbau und den Fortschritt aufwecken würde, dann könnten wir, wie es auch ausgehen mag, aus diesem Krieg Nutzen ziehen. Doch muß der Mensch auf alle Fälle aus dieser teuflischen Situation emergieren, die ihn zwingt, seine ganzen Kräfte auf den Bau von mehr Panzern und Bombern zu verwenden. Ich bin sicher, eines Tages werden wir emergieren. Doch dann wird das Antlitz der Welt entsetzlich anders aussehen als jetzt. Und *wir* haben zu bezahlen.

Peking, 18. Juni 1940

Gerade heute, nach der endgültigen französischen Niederlage, können Sie vermuten, was ich denke. Tatsächlich kann ich nicht sagen, dieses vorläufige Ende eines Teils der Weltumwandlung habe mich überrascht. Seit drei Wochen war die Lage recht klar; und von Anfang an mochte ich diesen Krieg nicht; weil ich das Gefühl hatte [vielleicht habe ich es Ihnen gesagt], daß auf der alliierten Seite *keinerlei* Geist der Eroberung und Erneuerung herrschte: nur Kampf, um eine altmodische «bürgerliche» Konzeption des Menschen durchzuhalten. In Hitlers Religion und Ideal ist etwas schrecklich Primitives und Engstirniges. Doch die Deutschen hatten eine innere Flamme, und *diese* war für uns zu stark, weit mehr als die Panzer. So bin ich jetzt hier und sehe dem Unvermeidlichen ins Auge. Es ist natürlich noch viel zu früh, um die Größe des Zusammenbruches und vor allem die Spannweite der bevorstehenden Veränderungen abzuschätzen. Doch eines ist hinreichend klar. Es wäre absurd, zu entscheiden, die Welt sei endgültig verloren oder schlecht. Das Problem liegt darin, die rechte Stelle herauszufinden, an der die rechte Art von Kraft anzusetzen ist. Und darüber denke ich in diesen Tagen am meisten nach: nutzlose und sentimentale Reaktionen zu unterdrücken und danach zu suchen, wie aus der Krisis ein neuer Mensch hervorgehen kann. Ich hoffe, wir werden, da wir zu der Drohung einer mechanisierten Erde erwachen, zur Konzeption und zum Glauben an eine geistige Struktur der Welt gezwungen sein. Dies ist paradoxerweise genau der Moment, da der Mensch den biologischen Wert und die mögliche Ausweitung der einzigen Energie entdecken muß, die den individuellen Menschen gruppieren und vollenden kann, ohne ihn in ein Rädchen oder einen Sklaven zu verwandeln: eine Form gegenseitiger Liebe, die auf dem Bewußtsein eines gemeinsamen Etwas [oder, genauer, eines gemeinsamen Jemand] gegründet ist, in dessen Richtung wir, alle zusammen, konvergieren. Habe ich recht? Diesen halb wissenschaftlichen, halb religiösen Glauben meines ganzen Lebens auszubreiten ist das einzige und Beste, so meine ich, was mir nach vorn hin bleibt. Es bedrückt mich nicht besonders, wenn Leute mich für gefährlich oder naiv oder verrückt halten. Was ich gern als nächstes wissen möchte, wer unter meinen Freunden in Frankreich noch am Leben – oder bereits tot ist. Bisher natürlich noch keine Nachricht von irgendeinem von ihnen. Und wieviel wird in den kommenden Jahren von Frankreich übrigbleiben? Werden wir um die Revolution herumkommen? Alles ist möglich nach solch einem Schock. Wenn Sie manchmal so etwas wie Gebete sprechen, erbitten Sie für mich geistige und physische Kraft. Jetzt ist keine Zeit zu einem Zusammenbruch, gerade jetzt nicht. Schlimm steht es mit mir gerade nicht; aber ein unangenehmes Gefühl von Niedergeschlagenheit, die Kehrseite meiner selbst.

Seit vierzehn Tagen lebe ich recht angenehm in meinem neuen Heim. Die Hauptmasse des Tien-tsin-Materials ist wegen der Blockade noch nicht angekommen, aber eines Tages werden wir es bekommen. Bis dahin habe ich reichlich Arbeit, um mich zu beschäftigen. Das Buch über den Menschen ist beendet, doch muß es in drei Kopien abgeschrieben werden, und Stenotypistinnen sind hier nicht leicht zu finden. Ich hoffe, es gelingt mir. Und dann muß ich durch die Zensur. Ich sehe diesbezüglich keine besonderen Schwierigkeiten, ganz besonders jetzt nicht.

Lassen Sie sich von den Ereignissen in der Welt nicht verwirren, sondern dazu anreizen, noch mehr zu tun. Dies ist der Zeitpunkt, in ein frisch umgebrochenes Feld zu säen.

Institut de Géobiologie, 3. August 1940

Es ist mir höchst zuwider, denken zu müssen, daß das gegenwärtige Durcheinander in der Welt Sie unglücklich macht. Und doch freue ich mich in gewissem Maße darüber, daß Sie einen Anfang von Weltschmerz verspüren. Ist das nicht ein göttlicher Schmerz? Vorausgesetzt natürlich, daß Sie sich am Ende deswegen nicht niederdrücken, sondern in irgendeiner Weise bis an die besten Grenzen ihrer selbst anregen und antreiben lassen. Betrüblich ist tatsächlich, daß allzu viele gerade jetzt sich damit begnügen, nur über ihre eignen kleinen Verluste zu weinen, und nicht die wirkliche Größe dessen erfahren, was zum Bösen oder zum Guten vor sich geht. Persönlich halte ich an meiner Idee fest, daß wir eher die Geburt als den Tod einer Welt erleben. Ärgerlich ist es aber, wie Sie ganz richtig aufzeigen, daß England und Frankreich in diese Tragödie hereingeraten sind, weil sie ehrlich die Straße des Friedens versucht haben! Doch verfielen sie nicht eben einem Irrtum über die wahre Bedeutung von «Frieden»? «Frieden» kann nichts anderes bedeuten als einen *höheren Eroberungsprozeß*. Und seit 1919 hat zumindest Frankreich kaum mehr etwas anderes getan, denn bequem am alten Trott festzuhalten. Die Welt wird unweigerlich ihren aktivsten Elementen zugehören. Wenn wir heute durch rein brutale Kräfte geschlagen werden, so liegt m. E. der Grund dafür darin, daß wir nach dem letzten Krieg kein geistiges und konstruktives Tor für unsere Kräfte zu finden vermochten. Gerade jetzt kommt den Deutschen der Sieg zu, weil sie, wie schlecht und verwirrt ihr Geist auch immer sein mag, mehr davon haben als die übrige Welt. Es ist leicht, die 5. Kolonne zu kritisieren und zu verachten. Aber kein geistiges Ziel und keine geistige Energie wird je Erfolg haben oder auch nur verdienen, zum Erfolg zu kommen, wenn sie sich nicht fähig erweist, eine 5. Kolonne auszubreiten und immer weiter auszubreiten. Den Geist in die Gewalt einzuverleiben [oder aber die Gewalt in Geist zu sublimieren], das ist das Problem, und das sollte unser Traum sein. Aus Frankreich erhielt ich seit dem Zusammenbruch keine Briefe, und so geht es allen. Und ich erwarte für lange Zeit keine Nachricht. So weiß ich überhaupt nichts über das Schicksal und das derzeitige Leben meiner Brüder und Freunde. Ich sehe mich sogar außerstande zu verstehen, was im Juni wirklich geschehen ist und was diese seltsame Pé-

tain-Regierung wirklich bedeutet. Von China aus gesehen, scheint das alles ziemlich beschämend gewesen zu sein. Ein höchst merkwürdiges und unangenehmes Gefühl, den Eindruck zu haben, daß es Frankreich nicht mehr gibt. Ich hoffe noch auf eine Art Wiederbelebung. Das Traurige an der Sache ist, daß ich, wie ich Ihnen vor einem Jahr berichtete, Frankreich mit der Überzeugung verlassen hatte, dort sei etwas im Wachsen begriffen, was ein Ferment für die Welt hätte sein können. Möglicherweise ist der Same nicht zerdrückt und tot, sondern bereit, sich in einem verjüngten Boden zu entwickeln. Doch ich sehne mich nach Nachrichten über alle diese Dinge, die nicht in Zeitungen zu finden sind.
Inzwischen genieße ich unser neues Haus im Botschaftsviertel. Wir sind hier vier Freunde, mit unseren Büchern, dem besten Teil unserer Sammlungen, einem ausgezeichneten Koch und einem Hund. Ich erwarte nächstens zwei Kätzchen. Ich schreibe zwei wissenschaftliche Papiere fertig, und die Abschrift meines Buches [drei Kopien] wird nächste Woche abgeschlossen sein. Doch wohin soll man es bei der derzeitigen Lage in Europa zur Zensur [!] senden?... Ich habe keine bestimmten Pläne für die Zukunft. Es wäre eigentlich an der Zeit, *etwas* zu tun, aber was?... Ich sehe es nicht. Ich muß zuerst wissen, wer in Frankreich und in welcher Situation geblieben ist. Und zunächst muß ich auch sehen, ob nicht die ganze Lage in England verändert wird.

PS. Nur um Ihnen zu erklären, was ich fühle, schicke ich Ihnen einige Seiten [auf französisch leider!]. Sie sind noch wahr. Sie wurden nach Frankreich geschickt, aber nie veröffentlicht, möglicherweise weil sie nicht optimistisch oder patriotisch genug sind?!

18. August 1940

Für mich war, wie ich Ihnen berichtete, dieses Jahr in physischer Hinsicht etwas schwierig. Aber machen Sie sich darum keine Sorgen. Ehrlich gesagt, ich weiß nicht [noch verstand irgendein Doktor genau], was mit mir los ist. Eine Art geistiger Betäubung und Angst [«Psychasthenia», sagte mir mit einem Lächeln der beste Kliniker von Peking]; tatsächlich eine alte Bekannte von mir, da ich derartige Anfälle seit meiner Jugend hatte. Sehr unangenehm. Aber das beste Heilmittel, so wurde mir gesagt und das hatte ich auch selbst schon herausgefunden, ist, so weiterzumachen, als sei nichts geschehen. Daß ich mein Buch zu schreiben hatte, war die beste Kur. Jetzt fühle ich mich viel besser. Doch glaube ich, das ist etwas, mit dem man sich im Leben abfinden muß, so wie man alt und weitsichtig wird. Wesentlich ist, daß man daran interessiert bleibt, zu denken und etwas zu tun. Und dabei werden Sie mir helfen.

Was das Buch über den Menschen angeht, so wird ein guter Freund vom amerikanischen diplomatischen Dienst eine Kopie davon nach Washington bringen und später diese Kopie über die amerikanische Botschaft nach Frankreich weiterleiten, sobald ich etwas über meine Freunde in Paris weiß. Mehr kann ich unter den gegenwärtigen Umständen nicht tun.

... Nebenbei bemerkt, dieser Brief wurde soeben durch einen Besuch unterbrochen, den ich dem obenerwähnten Diplomaten abstattete. Er und seine Frau waren äußerst entgegenkommend. Und sie drangen in mich, nach Amerika zu kommen, um mein «Evangelium» zu predigen! Ich sehe jedoch jetzt noch keine Möglichkeit dazu. Ich erzähle Ihnen dies, weil Sie wohl mit Freude erfahren werden, daß Sie nicht alleine so denken. Wenn nur das Buch veröffentlicht werden könnte, hätte ich eine gute Plattform, um zu

beginnen. Das erste Ziel ist, so glaube ich, das Buch herauszubekommen. In der Zwischenzeit habe ich verschiedene wissenschaftliche Papiere, die, wie ich glaube, nicht schlecht sind, fertig oder doch fast fertig geschrieben. Dies ist eine andere Plattform, die ich nicht vernachlässigen darf.
Keine Nachrichten aus Frankreich seit dem Zusammenbruch... Ich habe nicht die geringste Vorstellung von den dortigen Lebensbedingungen. Wer lebt noch und wo... Die «Vichy-Regierung» und das Möchtegern-Faschisten-Regime scheinen mir Marionetten zu sein. Falls die Briten nicht überrollt werden, vermute ich, wird de Gaulle der Führer sein, den das Volk wirklich nötig hat, es sei denn, wir laufen zum Kommunismus über. Auf jeden Fall wird in wenigen Jahren ein neues Europa und vielleicht noch mehr geboren werden.
Ich nehme an, Sie sind jetzt aus New York zurück. Ich wünsche Ihnen ein gutes und ertragreiches Jahr! Sie haben Glück, dort zu leben. Meine eigenen Pläne hängen in den Wolken. Ich kann nichts entscheiden, bevor ich nicht etwas aus Frankreich erfahre. Hier in unserem neuen Haus ist das Leben recht angenehm. Aber das ist kein wirkliches Leben.

18. Oktober 1940

Soweit ich betroffen bin, ist das Leben gleich geblieben, außer daß der Ferne Osten eines nicht allzu fernen Tages auch ein heißer Boden werden könnte. Doch glauben Sie den «transozeanen» Berichten nicht allzu leicht. Tatsächlich denken bisher sehr wenige Amerikaner daran, China zu verlassen; und wir würden sehr überrascht sein, wenn es hier zu einem wirklichen Zusammenstoß kommen sollte. Immerhin wird der Pazifikbereich genauso einer Neuanpassung unterworfen werden müssen wie das Mittelmeergebiet. Die Erde ist heute so aufgeteilt, daß der Status quo nicht möglich und noch weniger wünschenswert ist. Warum aber nicht anstatt blutiger Kämpfe eine andere Form der Anpassung wählen?... Ich bin immer mehr davon überzeugt, daß das wirkliche Schlachtfeld, heute, nicht in Dover, Ägypten oder Rumänien, sondern in des Menschen Geist und Seele liegt. Wir bemühen uns aus aller Kraft, einen neuen «Geist der Erde» zu entdecken und zum Ausdruck zu bringen. Um ehrlich zu sein, dies ist die einzige Form des Tuns und der Forschung, die mich noch irgendwie anzieht und der ich gerne den Rest meines Lebens widmen würde. Der Zeitungsausschnitt mit Einsteins Meinung über Gott, den Sie mir sandten, versetzte mir einen wirklichen Stoß. Ich habe nicht ein Hundertstel von Einsteins mathematischem Gehirn. Doch bin ich bestürzt darüber, daß ein solcher Mann nicht erkennt, daß eine einzige im Universum vorhandene Bewußtseinspartikel es physisch notwendig macht, daß das Universum schließlich am Ende der Transformation all-bewußt werden muß; und was ist schließlich Bewußtsein, wenn nicht Personalität?... Und was soll die «Religion des Guten»?... Gibt es irgendeine Religion ohne Hingabe und Liebe?... Ist es möglich, das «Gute» zu lieben!!! Die Schwierigkeit mit Einstein und so vielen anderen liegt darin, daß sie sich einen «persönlichen Gott» noch als eine Art von Supermann vorstellen und nicht als den Brennpunkt und das Zentrum einer personalistischen kosmischen Evolution. Mit Genugtuung zumindest bemerke ich, daß ich, wenn ich meine Bemühungen auf eben diese Frage der «personalistischen Natur» des Universums und der Evolution konzentriere, genau den Punkt treffe, von dem letzten Endes in dem gegenwärtigen menschlichen Konflikt alles abhängt. Ich würde es schätzen, wenn mein Buch als eine Plattform [oder als eine Kriegserklärung] gedruckt werden könnte. Doch habe ich derzeit nicht die geringste Idee, wem ich das Manuskript zur Zensur schicken könnte. Ich hörte kürzlich, daß einer meiner besten Freunde und hilfreichster Verteidiger in Frankreich Gefangener ist. Ich erzählte Ihnen, daß eine Kopie des Buches in Washington in guten Händen ist, bereit, um mit Diplomatengepäck [!] nach Frankreich geschickt zu werden. Inzwischen bedenke ich den Inhalt und die Form einer kleinen vertraulichen Abhandlung für Rom [wenn möglich]. Die Christenheit *muß jetzt* einen konstruktiven Standpunkt einnehmen, der auf einer erneuerten Vorstellung Gottes, Christi und der «Liebe» gründet.

Aus Frankreich kommen langsam Nachrichten [gestern erhielt ich zwei Briefe von Mitte August]; und jeder einzelne scheint sehr wenig über alle anderen zu wissen. Relativ wenige Gefallene [keiner in meiner engeren Familie]. Die Pétain-Regierung ist voller guten Willens; doch ich fürchte, sie hat kein Feuer, und die Reformen, die sie vorantreibt, haben im Lande keine klaren Wurzeln. Es ist in Ordnung, «Buße zu tun» oder Öl auf die Wunden zu gießen. Was wir aber brauchen, ist ein feuriger Sinn für Schöpfung und Eroberung. Dem Neuen entgegensegeln und nicht sich in die alte Schale zurückziehen! Auf jeden Fall habe ich Hoffnung. Die große gegenwärtige Krise verpflichtet jedermann, das Hauptproblem des Aufbaus der Welt als ein Ganzes ins Auge zu fassen. Wenn wir nur die Versuchung überwinden, in den alten Unterschlüpfen Zuflucht zu suchen, so konnte nichts Besseres geschehen, um uns voranzutreiben.

Hier komme ich mit meiner Routinearbeit voran. Eine Reihe interessanter wissenschaftlicher Papiere sind in der Druckerei. Ich habe eine *verschwommene* Vorstellung von einer Südamerikatour im nächsten Frühjahr, um etwas Geld

für unser neues Institut zu sammeln. Die Idee stammt nicht von mir, sondern von meinem Freund und Kollegen L., dem Direktor des Instituts. Ich würde ihn nur begleiten, um ihm Schützenhilfe zu geben. Sein Grundgedanke ist es, eine wissenschaftliche Reise [auf der Linie der Forschungen des Instituts] zu machen und *nebenbei* nach Geldern auszuschauen. Wenn dieser ehrgeizige Plan Wirklichkeit werden sollte, würde ich versuchen, ihn in etwas für die Entwicklung und die Verteidigung meiner eigenen Anschauungen Nützliches umzumünzen. Und selbstverständlich würde ich auf der Rückreise über New York fahren. Aber all dies ist noch höchst ungewiß.
Auf Wiedersehen. Heute beginne ich meine achttägigen Exerzitien.

Peking, 11. November 1940

Ich nehme an, Sie haben die Evakuierung amerikanischer Bürger aus dem Osten nicht allzu ernst genommen. Die Geste ist möglicherweise wirklich klug. Doch kann ich mir persönlich keine größeren Unruhen vorstellen. Im Augenblick sind wir hier hauptsächlich darüber traurig, daß wir uns von vielen guten Freunden trennen müssen. Die meisten nichtoffiziellen Ansässigen ziehen bisher *nicht* fort, doch *könnten* sie eines Tages dringend aufgefordert werden, auch abzufahren. Umgekehrt kommt die französische Botschaft mit voller Besetzung nach Peking zurück, so daß die Stadt noch nicht tot ist. Immerhin wird die Situation hier insgesamt Schritt um Schritt immer ungewisser. Absolut keine Gefahr, aber das Gefühl, daß bis in einem oder zwei Jahren die Bedingungen und das Leben hier sich restlos von den seit 20 Jahren gewohnten unterscheiden könnten. So sinken oder beben Frankreich und China gleichzeitig unter meinen Füßen. Als Ergebnis davon fühle ich eine immer stärkere

Neigung, mich auf die Entwicklung einer Art «Metabiologie» [*keine* Metaphysik, so hoffe ich] zu konzentrieren, in der ich seit Jahren den Menschen, das Leben und die Welt zusammenzufassen versuche. Als ich mein Buch schrieb, fragte ich mich, ob sich damit nicht die Quelle in mir selbst erschöpfen würde. Im Gegenteil, ich habe den Eindruck, daß wieder frisches Wasser fließt. Ich sehe die wichtigen Punkte besser und tiefer, und ich habe mehr zu schreiben. Was das Buch angeht, so kann ich nicht an eine Ausgabe in Amerika denken, bevor mein französisches Manuskript nicht zensiert worden ist; und ich weiß weder wohin noch wem ich es zur «Revision» senden soll. Mein bester Freund und Helfer in Paris ist Gefangener! Vor zwei Tagen habe ich einem andern Freund geschrieben, der vielleicht in Rom ist. Auf der anderen Seite ist mein Kollege L. hier immer entschlossener und bestrebter, Südamerika zu bereisen, um die Peseten zu sammeln, die wir brauchen, um ein endgültiges Haus zu bauen. Wenn Rom zustimmt [wir warten noch auf eine Antwort], können wir im nächsten Frühjahr fahren, und die Reise wird notwendig in Nordamerika enden. Doch wie wird die Welt in sechs Monaten aussehen?
Gerade jetzt genießen wir einen idealen Herbst, sonnig und kühl. Ich hoffe, Sie werden in Ihrer Radiosendung den richtigen Ton treffen. Ja, es muß schrecklich schwierig sein, zur gleichen Zeit einen Kreuzzug für die Demokratie zu führen und dabei unterhaltsam zu sein. Manchmal hat man vor begrenzten und ausgewählten Auditorien das Gefühl, daß «Esoterismus» die geeignete Atmosphäre für große Wahrheiten und Offenbarungen ist. Werden sie den Massen vorgetragen, laufen solche großen Dinge Gefahr, lächerlich zu wirken. Und doch, können wir letzten Endes außer den Massenbewegungen irgend etwas erwarten?...

Peking, 22. Dezember 1940

... Was wir alle heute mehr denn jemals in der Vergangenheit brauchen, ist die Entdeckung des Weges, um *menschlicher* [«super-menschlich»] zu sein, ohne *unmenschlich* zu werden [es ist die Gefahr vieler Religionen und insbesondere des Christentums, aufgrund seiner besonderen «aufsteigenden Kraft», diese beiden Begriffe zu verwechseln!]. Wie Sie wissen, ist diese Suche nach einem neuen Geist die eigentliche Seele und der eigentliche Sinn meines Lebens. Während der vergangenen Wochen hat sich nichts Besonderes ereignet, abgesehen davon, daß wir das Südamerikaprojekt fallenlassen mußten, weil Rom es [aus noch verborgenen Gründen] im gegenwärtigen Zeitpunkt nicht für opportun hält. Folglich geht zur Zeit alles im selben Trott weiter. Da die Arbeit im Gelände unmöglich ist, ist es letzten Endes vielleicht das Klügste, die wenigen wichtigen oder interessanten wissenschaftlichen Laboratoriumsarbeiten, die hier noch übriggeblieben sind, zu erledigen, so daß ich, wenn sich von irgendeiner Seite eine Möglichkeit bieten würde, frei wäre, sie wahrzunehmen. Eine neue Abhandlung ist beinahe ausgedruckt, und ich beginne eine Zusammenfassung meines Wissens über den *Early Man in China*. Zur gleichen Zeit aber versuche ich ständig, die Essenz meines Credos oder «Evangeliums» zu konzentrieren; und ich habe das Gefühl, auf dieser Linie immer weiter voranzukommen. Wie auf einer gewaltigen verschneiten Bergkette, die immer klarer aus den Wolken auftaucht. Fünfmal hatte ich in den letzten zwei Monaten Gelegenheit [in Vorträgen oder Abhandlungen], meine Flügel zu erproben. Hörten Sie [oder schrieb ich Ihnen bereits?] von dem Kongreß über Religion und Wissenschaft im September 1940 in New York? Kürzlich erfuhr ich weitere Einzelheiten, und mir wurde übel und zugleich heiß ange-

sichts der Unfähigkeit der Sprecher [*beider* Seiten], die beiden Punkte der Divergenz und der [möglichen] Konvergenz aufzuzeigen. Nun, vor vierzehn Tagen habe ich direkt nach Rom geschrieben und um die Veröffentlichung [zuerst die «Revision»] meines Buches und um meine Teilnahme an der nächsten Sitzung des New Yorker Kongresses gebeten. Wir werden sehen... Bis dahin bereite ich eine konzentrierte Darstellung meiner Anschauungen zu dem Thema vor, die dorthin geschickt werden soll, falls ich bei der Zusammenkunft nicht persönlich anwesend sein kann. Auf jeden Fall würde ich, wenn der Pazifik nicht geschlossen und vermint ist, überrascht sein, sollte ich nicht im nächsten Jahr in die Staaten fahren müssen.
Aus dem besetzten Frankreich immer noch *keine* Nachrichten; einige aus dem unbesetzten Frankreich. Breuil ist in Toulouse. Von seinen persönlichen und wissenschaftlichen Besitztümern in Paris ist nichts beschädigt worden, und eine kürzlich entdeckte ausgemalte Höhle im Périgord versorgt ihn mit einem interessanten Tätigkeitsfeld. Doch wohin treiben wir in Frankreich?... Und werden die Deutschen uns nicht diesen unseligen Herrn Laval aus der Auvergne aufzwingen?... Ich bin mit Anne Lindbergh fest davon überzeugt, daß der gegenwärtige Krieg nur «Schaum auf der Woge der Zukunft» ist. Doch letzten Endes ist keine Organisation unter reinem Zwang möglich. Hier werden England und Amerika die Welt möglicherweise in dem unvermeidlichen Ablauf ihrer Totalisation retten. England bewundere ich ungeheuer, und ich hoffe, Frankreich ist nicht so tief gesunken, wie es den Anschein hat.
Hier in Peking geht das Leben trotz der Abreise so vieler amerikanischer Freunde und neuer militärischer Beschränkungen vor den Toren der Stadt weiter. Tatsächlich habe ich seit zwei Monaten fast jeden Sonntag in den Western

Hills verbracht, wo ich vor oder nach dem Picknick mit durch und durch ungeologischen, aber sehr netten Leuten einiges an unerwartet interessanter Arbeit im Gelände tun konnte. Seltsam, wie bezaubernd das Pekinger Leben und diese kahlen Picknicklandschaften für jedermann sind.
H. tut mir wirklich sehr leid. Ich habe einen Brief von ihm erhalten. Er ist sehr um seine Zukunft besorgt, aber ich bemerkte nicht, daß er sich so verloren fühlte. Ich sehe für ihn keine andere Möglichkeit, als an seinem kleinen Job festzuhalten. Zumindest kann er denken und schreiben. Wie soll man es anstellen, ihm nicht gerade einen Glauben [den hat er], aber doch einen konstruktiven Ausdruck dieses Glaubens zu geben?... Ich werde mein Bestes tun.

9. Februar 1941

Soweit ich betroffen bin, läuft alles gleich weiter – insgesamt ziemlich glatt, wahrscheinlich zu glatt. Ich genieße die seltene Gelegenheit, einige synthetische wissenschaftliche Papiere voranzubringen, in denen ich die weit verstreuten Ergebnisse der vergangenen achtzehn Jahre an Geländearbeit zusammenfassen kann. Doch frage ich mich, ob ich nicht besser irgendwo anders wäre, wo ich mich auf dem Kamm der gegenwärtigen menschlichen Welle befinden würde. Zum erstenmal in meinem Leben bin ich nicht am heißesten Punkt der Welt; und das gibt mir ein Minderwertigkeitsgefühl. Doch wohin gehen und was tun? Frankreich, so fürchte ich, würde für mich einfach eine Falle sein. Und wie soll ich nach Frankreich gelangen, selbst wenn ich mich entschlösse hinzugehen? Ich erwarte ungeduldig den Brief aus Rom mit der Antwort auf die Fragen, von denen ich Ihnen berichtete [wie mein Buch revidiert worden ist, ob ich im September zum New Yorker Kongreß fahren kann], und ich bin *nicht* allzu optimistisch. Auf jeden Fall wird die Antwort, ob Ja oder Nein, den Weg nach vorn klären. In der Zwischenzeit versuche ich, in mir selbst klarer zu lesen und meine Ansichten genauer zu fassen. Im Augenblick gehe ich von der Leitvorstellung aus, daß die wahre Krisis der Welt heute nicht so sehr im Konflikt zwischen Totalitaristen und Demokraten, sondern in dem zwischen Mobilisten und Fixisten liegt. Wären die Demokratien nicht durch die schwere Last des Fixismus behindert, der sich bei ihnen unter dem angemaßten Namen der Freiheit verbirgt und entschuldigt [verherrlicht], würden sie augenblicklich die Achsenmächte verschlucken oder zumindest bald einen Grund zu wechselseitiger Vollendung finden. Ein *progressiver* Demokrat ist von einem wirklich progressiven Totalitaristen nicht grundlegend verschieden. Folglich ist es heute die Hauptsache, mit gesunder Propaganda eine Kampagne für den Glauben [einen leidenschaftlichen und rationalen Glauben] an einen richtig verstandenen menschlichen Fortschritt zu führen. Meiner Meinung nach wird die Welt von morgen aus der «auserwählten» Gruppe derjenigen geboren [sie steigen aus allen Richtungen und Klassen und Konfession der menschlichen Welt auf], die sich dafür entscheiden, daß vor uns etwas Großes auf uns wartet, und die ihr Leben dafür hingeben werden, um es zu erreichen. Die Leute *müssen* sich für oder gegen den Fortschritt entscheiden, *jetzt*. Und diejenigen, die nein sagen, muß man eben zurückfallen lassen. Und diejenigen, die ja sagen, werden sehr bald entdecken, daß sie dieselbe Sprache sprechen und sogar denselben Gott verehren. Das sind die Dinge, die ich gerne in New York sagen würde. Und das sind die Dinge, für die zu kämpfen ich entschlossen bin, auf jeden Fall solange ich lebe. Das Leben in Peking geht weiter in seinem immer enger werdenden Kreis. Die neue französische diplomatische

Mannschaft [die jetzt ganz hier konzentriert ist, ohne etwas zu tun zu haben] hat jedoch dem Sozialkörper neues und tröstliches Blut eingeflößt. Einige unter den Neuankömmlingen sind ausgesprochen nett und sogar positiv interessant. Während der letzten Wochen war das Wetter kalt, aber klar, so daß ich eine Reihe netter Sonntage mit guten Freunden [und meinem Hammer] in den Western Hills verbrachte. Aus Frankreich wenige und unbefriedigende Nachrichten. Ich hoffe immer noch, daß etwas unter der Oberfläche glüht. Doch von außen gesehen ist alles verworren. «Weder ein äußerer noch ein innerer Impetus» würde Dr. Grabau sagen. Ich beneide die Briten... Sie retten nicht nur sich selbst. Vielmehr sieht es seit Dünkirchen so aus, als hätten sie den Nazis die moralische Führung der Welt gestohlen. Eine Atmosphäre, in der man sich wohl fühlen kann!

Peking, 21. März 1941

Das Leben geht hier ziemlich gleich weiter, abgesehen davon, daß eine Art von Krisis offensichtlich jeden Tag näherkommt, und darüber hinaus zunehmend das Gefühl, daß persönliche Pläne gerade jetzt recht eitel sind. Vor zwei Wochen habe ich eine Antwort aus Rom erhalten. Halb und halb... Offensichtlich ist Nr. 1 dort unten mir gegenüber noch ebenso mißtrauisch wie früher. Nr. 2 dagegen [dem ich geschrieben habe] scheint verständnisvoller zu sein: er bekennt sogar, daß er «mit großer Aufmerksamkeit und lebhaftem Interesse» ein ziemlich radikales Memorandum gelesen hat, das ich ihm sandte: Praktisch: 1. Man mag *nicht* die Idee meiner Teilnahme an dem New Yorker Kongreß [man hatte schon genug von Philadelphia, nehme ich an]; doch man ist einverstanden, daß ich eine geschriebene Mitteilung sende, die ich jetzt vorbereite. 2. Man ist einverstanden damit, daß ich das Manuskript meines Buches zu einer sympathischen [?] Revision nach Rom schicke [und das Manuskript ist ihnen auch schon vor vierzehn Tagen geschickt worden]. Das ist nicht viel. Und doch nicht so schlecht, wie ich befürchten konnte. Ich weiß, daß diese Einschränkungen [und mein nicht heftigerer Kampf dagegen] von Ihrem Standpunkt aus schwierig zu verstehen sind; und in einem gewissen Ausmaße fühle ich es selbst auch. Und doch sehe ich keine andere logische [oder sogar biologische] Vorgehensweise. Nach meinen eigenen Prinzipien kann ich *nicht* gegen das Christentum kämpfen. Ich kann nur innerhalb von ihm arbeiten, indem ich versuche, es umzuwandeln und «zu bekehren». Eine revolutionäre Einstellung wäre sehr viel leichter und auch viel angenehmer, doch sie würde selbstmörderisch sein. So muß ich hartnäckig Schritt um Schritt weitergehen. Ich weiß, daß die Flut, die mich trägt, aufsteigt. Für den Augenblick, glaube ich, ist es strategisch am klügsten, in der Welt einen starken und rationalen Glauben an die Macht zu fördern, die dem Menschen gegeben ist, die Welt über ihren gegenwärtigen Stand emporzutragen. Wie ich Ihnen vielleicht schon in meinem letzten Brief schrieb, bin ich überzeugt, daß der gegenwärtige Krieg im Grunde ein Konflikt zwischen «Mobilisten» und «Immobilisten» ist und daß er in dem Augenblick zu Ende geht, da die Mobilisten in jedem Lager einander erkennen und die politischen *und* religiösen Immobilisten fallenlassen. Ich habe mich deshalb sehr über das Büchlein von Anne Lindbergh «*The Wave of the Future*» [Sie kennen es gewiß] gefreut. Und ich konnte nicht widerstehen, vor zwei Wochen in der französischen Botschaft einen Vortrag über den menschlichen Fortschritt zu halten. Haben Sie etwa zufällig ein ziemlich dickes Buch, «Pain, Sex and Time», gesehen, das kürzlich in Amerika von einem gewissen Mr. Heard [oder so ähnlich] veröffentlicht wurde? Der Hintergrund und die Plattform des Buches sind genau die meinige, daß nämlich der Mensch jetzt mit der evolutiven Notwendigkeit konfrontiert ist, eine höhere Stufe des Bewußtseins zu finden [zu entwickeln]; und in dieser Hinsicht ist das Buch recht suggestiv und anregend. Der Autor geht nach meiner Meinung dort irre, wo er den *Weg zu* mehr Bewußtsein zu erklären versucht. Er versucht, eine Art Joga zu entwerfen. Doch er bestimmt nicht die besondere Form von Mystik [das besondere «geistige Bemühen»], das aus diesem Joga zu entwickeln wäre. So wie ich es sehe, verlangt die Lösung des Problems eine neue und klare Definition der Begriffe «Geist» und «Vergeistigung» in den drei folgenden Richtungen: Sublimation der Materie, Synthese der menschlichen Masse, Erkenntnis eines höchsten Zentrums der Liebe und Personalität. Und ich glaube nicht, daß Mr. Heard [?] sich in einem dieser Punkte klar ausdrückt.

Die Geselligkeit hier ist ziemlich begrenzt, da so viele Leute fortgehen. Meine beste Zerstreuung ist der wöchentliche Sonntagsausflug in die Western Hills, wo ich immer mehr ungelöste geologische Fragen finde. Da es so nahe bei Peking lag, wurde das Gebiet vor dem Kriege etwas verschmäht und vernachlässigt. Der Frühling birst in diesen Tagen mit einer Explosion von grünen und rosa Blüten vor einem Hintergrund gelber Erde auf. Vor vierzehn Tagen war es noch eiskalt.

Ich hoffe, Sie haben schöne Ferien. Aber noch mehr wünsche ich, Sie möchten Schritt um Schritt entdecken, wie Sie sagen, «was Sie wirklich vom Leben erwarten». Vergessen Sie dabei nicht, daß es nicht so sehr den Wert und die Bedeutung des Lebens ausmacht, aufsehenerregende Dinge zu tun [wenn wir auch immer diesen Ehrgeiz haben müssen], als vielmehr darin, gewöhnliche Dinge zu tun *im* vollen Bewußtsein von deren gewaltigem Wert. Das, glaube ich, ist die kommende Mystik.

Peking, 9. Mai 1941

Sagte ich Ihnen in meinem letzten Brief, daß Rom [vielleicht in Erinnerung an Philadelphia?] meine Idee, an den New Yorker Kongreß zu fahren, nicht mochte. Ich habe nur die Erlaubnis, eine geschriebene Mitteilung zu schicken [natürlich unter der Voraussetzung, daß diese Mitteilung zuvor gutgeheißen wird]. Ich habe vor sechs Wochen einen Textvorschlag abgeschickt; doch habe ich bisher keine Antwort, weder zu diesen wenigen Seiten noch zu dem Manuskript meines Buches. Alles braucht heute so lange! Inzwischen drucke ich hier [privat] zwei kurze Aufsätze über die Idee des Fortschritts, die ich für *gut* halte [ich werde Ihnen später ein Exemplar schicken]; und ich habe, so scheint mir, einen neuen und vielleicht tieferen Weg gefunden, meine Ansichten über den Menschen und die Welt auszusagen. So würde mir, wenn mein Buch durch die Zensoren gegebenenfalls gebremst würde, das nicht viel ausmachen, weil ich etwas Besseres zu tun gefunden habe.

Wissenschaftliche Papiere halten mich auch sehr in Atem. Da ich kaum noch ins Gelände gehen kann, bin ich nach und nach dahin gekommen, eine kleine Synthese meiner Arbeit in China abzufassen; und jetzt hat mich das Interesse an dieser Arbeit eben gepackt, ohne dabei das American Museum zu vergessen. Wie aber soll man in diesen Tagen irgendwelche endgültigen Pläne für die Zukunft machen! Peking «läßt» nach und nach immer mehr «Federn». Und doch ist das Leben sogar jetzt zutiefst schön, wenn auch immer in eine Art von Schatten gehüllt. Jedermann genießt

die guten Stunden der Freundschaft und die Frühlingsblumen wie etwas sehr Kostbares und Gebrechliches... Der Frühling war in diesem Jahr schrecklich windig, und doch waren mir der graue Staub und die rosa blühenden Bäume nie so lieb.
Aus Europa kommen nur selten Briefe. Nichts Tragisches in der Lebensmittelfrage, bisher. Aber Frankreich ist jetzt so gedemütigt und klein. Die Leute sagen, untergründig entwickle sich eine gesunde Wiederbelebung, sozial gesprochen. Ich hoffe, es ist wahr. Und ich hoffe hauptsächlich, daß eines Tages der Funke kommen wird. Leben ist Feuer, nicht Weisheit.

Peking, 22. Juni 1941

Ich habe Ihren langen und schönen Brief erhalten, in dem Sie mich drängen, nachdrücklicher meinen Weg zu einem freieren Aussagen meiner *Weltanschauung* zu erzwingen. Sie dürfen sicher sein, daß ich Ihren Standpunkt durchaus verstehe. Doch wie ich Ihnen häufig schon sagte, liegt die einzige und große Schwierigkeit in meiner Überzeugung, daß meine besten Anstrengungen nutzlos wären, wenn ich mit dem religiösen Strom bräche, bei dem das Problem *nicht darin besteht,* ihn zu bekämpfen, sondern ihn umzuwandeln. Auf einem solchen Schlachtfeld kann ich nicht aus politischen Überlegungen, sondern aus reiner Überzeugung nur von *innen her* wirken. Hoffen wir das Beste. Bisher habe ich noch keine Reaktion von Rom zu meinem Buch. Doch weiß ich, daß das Manuskript sein Ziel erreicht hat, so daß es jetzt geprüft wird. Es ist in seiner Weise ein schwach günstiges Symptom, daß ich nichts höre. Zumindest scheint die Sache ernsthaft in Betracht gezogen zu werden. Mittlerweile ist ein kurzer Aufsatz [auf französisch] in Schanghai wahrscheinlich fertig gedruckt [fast drei Monate für dreißig

Seiten!]. Ich werde ihn Ihnen senden, sobald ich ihn bekomme. Ich habe das Gefühl, meine Sehweise wird sehr rasch einfacher und schärfer. Ich werde in einigen Monaten versuchen, sie neu auszusagen, sobald ich zwei ziemlich dicke wissenschaftliche Schriften beendet habe, die jetzt fast fertig sind. All diese Arbeit hält mich in Trab, glücklicherweise. Denn Peking wird mit jedem Tag verlassener. Eine letzte Gruppe amerikanischer Freunde reist im August ab. Wenn ich hier nicht teilweise gebunden wäre durch die Sorge für den Restbestand des Känozoischen Labors und unser neugeborenes Institut, würde ich, so glaube ich, nicht bleiben. Und tatsächlich glaube ich nicht, daß ich bleiben werde, falls sich die Gelegenheit bietet, eine Reise irgendwohin ins Ausland zu machen. Ich nehme an, die Antwort aus Rom wird mir den Weg nach vorn weisen.
Ich möchte Ihnen nichts über die politische Lage sagen, die äußerst schmerzvoll ist für jeden Franzosen, der wie ich das angelsächsische Volk und seine Kultur liebt. Ich halte immer noch an der Hoffnung fest, daß wir auf eine wirklich neue Erde zugehen, daß eine vorläufige Form für die notwendige Synthese der Kollektivisation mit persönlicher Freiheit gefunden wird. Nichts kann uns retten außer das Erwachen des Menschen zu zwischenmenschlichen Affinitäten. Biologisch und physisch ist die Sache im Übermaß evident. Die Schwierigkeit ist, das Streichholz zu finden, das das Feuer entzündet.
Ist Ihnen klar, wie alt ich jetzt bin?... und doch hoffe ich, jung zu bleiben bis zum Ende, für Gott...
PS. Heute, ein prächtiger Tag, fahre ich mit meinem Hammer und einem guten französischen Freund zu den Hügeln; und übermorgen nach Tien-tsin [für zwei Tage]. Seit einem Jahr bin ich nicht mehr Zug gefahren! Können Sie sich das vorstellen? Tatsächlich fühle ich mich hier in meiner neuen

Umgebung glücklich: mein erstes *Heim* in meinem Leben. Ich werde vielleicht tatsächlich alt?

5. August 1941

Peking war noch nie so leer, und mein Leben war noch nie nach vorn so ungewiß wie jetzt. Nur eine Periode, durch die man hindurchmuß, bevor etwas anderes herauskommt, nehme ich an... Glauben Sie jedoch nicht, ich sei deprimiert. Es handelt sich nur um eine materielle Situation, mit der man fertig werden und die man, wenn möglich, umwandeln muß.

Seit meinem letzten Brief ist die tägliche Routine genau dieselbe geblieben: Papiere schreiben und Druckfahnen korrigieren. Bei den heißen Tagen und so vielen zurück nach Amerika oder einfach für die Sommerzeit nach Peritaho Beach fahrenden Leuten werden die Chancen für Sonntagsausflüge in die Hills rar [und jetzt wird davon gesprochen, das Benzin für Privatwagen werde rationiert!]; so konzentriert sich das unmittelbare Interesse meines Lebens immer mehr auf das Studium und die Veröffentlichung unseres Materials. Ich habe das Gefühl, ich werde freier sein, mich ganz anderen und wichtigeren Aufgaben zuzuwenden, wenn ich zunächst in einigen synthetischen Papieren die Substanz dessen klar niederlegen kann, was ich im Laufe von zwanzig Jahren der Arbeit im Gelände in Asien verstanden zu haben glaube. Bis dahin bleibt mein Hauptanliegen das Problem des lebenden Menschen. Ich schickte Ihnen vor einigen Tagen eine kleine Broschüre [auf französisch!], die den gegenwärtigen Trend meiner Gedanken zum Ausdruck bringt. Ich bin jetzt langsam mit einer neuen und schärfer umrissenen Entfaltung derselben Anschauung beschäftigt. Der Mensch kann nicht wirklich

Mensch werden, wenn er nicht praktisch sich des «kosmischen» Prozesses bewußt wird, von dem er ein Teil und sogar der verantwortliche Apex ist. Haben Sie das letzte Buch von Julian Huxley *[Man Stands Alone]* gelesen? Wenn Huxley auch zu früh aufhört, wie ich meine, und wenn auch sein Buch nicht in eine kohärente *Weltanschauung* eingebaut ist, entdeckte ich doch mit Freude, daß wir beide in unserm Denken so nah beisammen arbeiten. Und dasselbe gilt von Sherrington *[Man on His Nature]*. Fraglos nähern wir uns der kritischen Zeit einer großen geistigen Revolution. Ich würde so gern mein Buch gedruckt sehen [wenn ich ihm auch heute mit meinem Denken etwas voraus bin]! Keine Nachrichten aus Rom, außer daß das Manuskript in der «Revision» gut vorankommt. Unter den derzeitigen Postbedingungen kann ich kaum vor einigen Monaten eine Antwort erwarten.

Gerade jetzt ist die weitere Entwicklung des Krieges die Hauptfrage. Immer weniger bin ich in der Lage, eine klare innere Entscheidung zwischen den sich bekämpfenden Kräften zu treffen. Ich hasse den Zwang; doch zur selben Zeit bin ich davon überzeugt, daß wir eine vollständige, panhumane Anpassung brauchen. Mit anderen Worten, das wirkliche Problem scheint mir *jenseits* des derzeitigen Zusammenstoßes zu liegen – so daß ich an dem Zusammenstoß nicht wirklich interessiert sein kann. Freilich glaube ich, daß die außerordentliche [und bisher *niemals* bezeugte] Anspannung menschlicher Energie, die wir gerade jetzt erfahren, sich notwendig in ungewöhnliche konstruktive Wirkungen entfalten muß. Und hier sitze ich und warte auf eine Gelegenheit, etwas Aktiveres zu tun. Aber bisher noch kein Ausweg. Aus Frankreich kommt nichts heraus [nach den Zeitungen zu urteilen], außer ein deprimierendes Gefühl altmodischer Weisheit und ein bestürzender Mangel an

«Ehrgefühl». Ich hoffe immer noch auf den Funken unter dieser Asche; doch fühle ich mich nicht besonders angezogen, meinen Weg nach Hause zu erzwingen. Amerika ist immer noch der Ort, wohin ich am ehesten zu gehen wünschte... etwas Tiefes und Starkes und Freies.

24. September 1941

Ich hoffe, Sie haben meinen Brief vom 5. August erhalten [haben Sie auch die französische Broschüre bekommen?]. Es scheint, die Post sei in diesem Sommer auf dem Pazifik ernsthaft gestört gewesen. Seit dieser Zeit immer derselbe Trott: Mit Volldampf schreiben und drucken. Nur so läßt sich die Zeit sinnvoll verbringen. Wenn ich nur das Gefühl haben könnte, daß unser neues Institut ein wirklich keimender Same ist! Leider bin ich nicht davon überzeugt, daß unser Schicksal nicht einfach das einer Sternschnuppe sein wird. Wir verbrauchen ununterbrochen unser Kapital an geologischen und paläontologischen Daten, und ich sehe niemanden, der den leeren Platz in unserem Mitarbeiterstab übernehmen könnte, den einer meiner Freunde zurückgelassen hat, der kürzlich, als er in Frankreich war, den Orden verließ. Zumindest bleibt mir ein guter Ausweg, denn wenn die geologischen Möglichkeiten erschöpft sind, kann ich immer noch versuchen, meine «Ideen» zu entwickeln und zu verbreiten. Ich habe gerade ein neues [ich hoffe, ein schärfer durchdachtes] Papier über dasselbe allgemeine Thema des menschlichen Phänomens und des menschlichen Fortschritts beendet. Doch werde ich es leid, zu schreiben. Ich möchte gerne sprechen und handeln. Aber wo? In Frankreich ist kein Hauch von intellektueller Freiheit geblieben [nicht einmal im «unbesetzten» Teil]: ich weiß es aus direkter und ausgezeichneter Quelle. So spiele ich mit

dem Gedanken, für einige Zeit nach Amerika zu gehen. Doch die Visa sind schrecklich schwer zu bekommen. Möglicherweise versuche ich in diesen Tagen, die ersten Schritte dafür zu unternehmen: eine Sache von Monaten.
Peking ist schrecklich leer. Und doch bleibt das Leben noch durchaus möglich dank einigen hier gebliebenen guten Freunden. Benzin wird rar ... ich würde die Sonntagsfahrten vermissen mit dem wenigen an Geländearbeit, die ich dort noch tun kann.
Erzählen Sie mir, was Sie denken und planen.

10. August 1942

Wird dieser Brief Sie je erreichen? Gute Freunde von mir, die morgen mit einem «Diplomatenschiff» abreisen, wollen versuchen, ihn irgendwo unterwegs zur Post zu geben.
Soweit das äußere Leben betroffen ist, hat sich fast nichts für mich geändert, tatsächlich zuwenig. Infolge des Einschnitts vom 8. Dezember[1] mußte ich aus meinem Labor in der Stadt heraus [die meisten Sammlungen sind sicher, doch kann ich sie nicht mehr benutzen!], ich lebe jetzt in unserem kleinen Institut und beschäftige mich mit der Veröffentlichung von all dem, was ich noch über meine Forschungen in China zu schreiben hatte [wir veröffentlichen jetzt unsere *eigene* Zeitschrift mit einer besonderen Reihe von Abhandlungen]. Nichts sehr Aufregendes; doch zumindest kann ich etwas tun. In den letzten Monaten war mir auch [ganz unerwartet] einige interessante Arbeit im Gelände in der unmittelbaren Nachbarschaft von Peking möglich. Doch bei den Benzinbeschränkungen werden sogar kleine Ausflüge zunehmend schwieriger. Zur selben Zeit wird die

[1] 7. 12. 1941: Angriff Japans auf Pearl Harbour

Stadt immer leerer: die Abenddämmerung des weißen Mannes [doch die Morgenröte wird kommen]. Für uns hier ist eine Art überwältigende Dummheit der gefährlichste Feind. Noch ist eine kleine Zahl guter Freunde hier geblieben; aber so wenige wirklich anregende!

Innerlich versuche ich, so lebendig und wach wie möglich zu bleiben. Doch habe ich die große Befürchtung, durch mein Hiersein *den Kontakt* mit dem neuen Geist zu *verlieren,* der gewiß gerade jetzt in der ganzen Welt im Entstehen ist. In dieser Hinsicht zumindest haben die letzten Ereignisse meine Meinung nicht geändert. Wir erleben die Geburt eines neuen Menschen. Das glaube ich immer mehr. Aber dieser neue Mensch ist noch so diffus in den sich bekämpfenden menschlichen Gruppen, daß es weniger eine Sache der Spekulation denn direkter und lebendiger Versuche ist, ihn zu entdecken und zu erkennen. Aus diesem Grund bedauere ich es, nicht in Europa oder in Amerika zu sein, wirklich eingetaucht in einen der großen Hauptströme, die morgen sich in etwas kaum Voraussehbarem miteinander verbinden werden. Hier sind wir natürlich auch in einer Strömung gefangen: aber diese Strömung ist *nicht* die unsrige. Wir sind von ihr äußerlich umgeben und getrieben: wir fühlen sie nicht von innen her... Sie dagegen, dessen bin ich sicher, fühlen sich intensiv lebendig.

Ihr letzter Brief, den ich erhielt, war vom 26. September. Und ich wollte Ihnen am 8. Dezember einen [bereits geschriebenen] Brief schicken! Ich habe natürlich keinen Plan, außer dem, bei der nächsten Gelegenheit aus China zu entkommen...

10. Oktober 1945

Mr. Horace J. fährt morgen nach New York. Ich gebe ihm diesen Brief mit, und Sie können ihn vielleicht in New York

treffen, wenn Sie einen Augenzeugenbericht über die derzeitige Lage in Peking wünschen.
Für mich waren diese langen Jahre paradox ruhig, tatsächlich allzu ruhig. Abgesehen von zwei oder drei kleinen Fahrten nach Schanghai oder an die Küste, kam ich nicht von unserem kleinen Institut in Peking weg. Da wir von der großen Welt abgeschnitten [und in eine praktisch nicht denkende Masse gelber Menschheit eingetaucht] waren, blieb uns kein anderer Ausweg, als eine Art hauptsächlich französischen Mikrokosmos zu entwickeln, ein tatsächlich recht warmes Nest, aber eben nur ein Nest. Man konnte nicht sehr weit wegfliegen... Nun, ich nahm diese Gelegenheit wahr, um eine recht lange Reihe von wissenschaftlichen Papieren und eine ganze Anzahl privater Essays zu schreiben. In Sachen Wissenschaft habe ich praktisch das gesamte mir zur Verfügung stehende Material erschöpfend beschrieben und alles Wesentliche gedruckt, was ich über die asiatische Geologie im Kopf habe. Ich glaube, einige von diesen Papieren sind wirklich gut. Doch sind sie bisher mangels Postgelegenheiten kaum verteilt worden. Auf der philosophischen oder religiösen Linie [für mich die wichtigste, wie Sie wissen] bin ich dieselbe Furche weitergegangen, aber tiefer, so hoffe ich. Meine beiden derzeitigen «Lieblingsideen» heißen für mich die psychische «Planetisation» der Menschheit rund um unsere runde Mutter Erde und die Verbreitung einer neuen Mystik auf der Basis «der Liebe zur Evolution». Das Buch, das ich 1939–1940 über das «*Phénomène Humain*» geschrieben habe, wurde in Rom durch die Zensur gestoppt, wie ich hörte, aber ziemlich milde, so daß ich hoffe, schließlich eine Druckerlaubnis zu bekommen. Ich weiß, daß ich jetzt in Frankreich in Gunst bin. Die Zeit ist vielleicht reif, endlich.
Ich bin offiziell aufgefordert worden, ohne Verzug nach

Frankreich zurückzukehren. Doch die Verbindungen sind nicht einfach, vor allem dann, wenn man mehr als sechzig Pfund Gepäck mitzunehmen hat. Ich hoffe, in Schanghai vor dem Frühjahr irgendein Schiff zu finden. Und dann bestehen einige ernsthafte Aussichten, daß ich über Amerika reisen werde [die anderen Wege sind außer für Flugzeuge geschlossen], und dann würden wir uns in New York treffen?!

Physisch, nun, ich bin vier Jahre älter, über die 64 hinaus. Mein Haar [was davon geblieben ist] ist jetzt ganz grau. Doch im ganzen glaube ich nicht, daß Sie Schwierigkeiten hätten, mich zu erkennen. Der Körper ist noch kräftig. Doch das Älterwerden macht meine Nerven nicht so ruhig, wie ich es gerne möchte. Insgesamt bin ich vom Krieg verschont geblieben. Zu sehr, meine ich. Ich habe hier in ruhigen Wassern gelebt; und das ist nicht so gut für einen Möchte-gern-«Propheten». Ich vertraue auf Gott und das Leben, daß ich nichtsdestoweniger noch einiges in dieser unserer neugeborenen Welt leisten kann. Die Stadt wird seit zwei Monaten verjüngt durch einen Zustrom von Amerikanern. Jedermann hat sie gern: sie sind so voller Vitalität, so großzügig. Eine Party nach der anderen. Ich habe fünf oder sechs Leute getroffen, die *wirklich* interessant sind. Ich muß diesen Brief sofort zu J. bringen. So breche ich hier ab. Doch dies ist bereits ein neuer Anfang.

S. S. Strathmore, 12. April 1946 [nahe von Colombo]

Ende Februar erreichte mich ein Kabel von meinem höchsten Oberen in Frankreich [einem guten Freund], der mich drängte, nach Paris zurückzukehren. Ich hatte bereits zu lange gewartet; und ich konnte es mir nicht leisten, länger zu zögern. Wir wollen hoffen, daß ich für diesen «Gehor-

sam» belohnt werde. In Paris bin ich meinem alten Haus zugewiesen [15, Rue Monsieur], der Bastion «fortschrittlichen Christentums», ein gutes Omen, daß ich in Frankreich aus eben den Gründen erwünscht bin, die mich früher dort eher unerwünscht sein ließen. Ich werde Ihnen mehr von dort aus schreiben, sobald ich wieder Fuß gefaßt habe. Auf jeden Fall schloß ich hinter mir nicht die Tore Chinas [wo der Geological Survey mich als Berater behält]. Ich muß mir die Welt für künftige Reisen offenhalten. Ich glaube, ich könnte ein rein französisches Leben nicht mehr ertragen.
Die *Strathmore* ist ein schönes und schnelles Schiff, der Stolz der P. & O., doch ist sie zur Hälfte in einen Militärtransporter umgewandelt. Wir sind ziemlich zusammengepfercht [ungefähr viertausend an Bord] und schlafen in Hängematten. Unmöglich, sich zu konzentrieren, und schwierig, enge Freundschaften zu knüpfen. Immerhin, ich kann denken und einige interessante Gespräche mit ein paar alten Bekannten führen.
Ich werde Ihnen bald wieder schreiben, aus Paris, und Sie meine ersten Eindrücke über Europa und meine Aussichten wissen lassen.

15, Rue Monsieur, Paris VII, 26. Mai 1946

Seit meiner Rückkehr vor drei Wochen bin ich noch überlaufen: Besucher, Telefon, auf meinem Tisch ein Haufen Briefe. Ziemlich erregend, aber auch verwirrend. Wie Buddha möchte ich zehn paar Hände, zehn Köpfe oder auch nur eine gute und tüchtige Sekretärin haben... Die Reise auf der *Strathmore* ging genau so zu Ende, wie sie begann: keine Schwierigkeiten – aber auch kein wirkliches Vergnügen. ...
Ich finde es schwierig, in diesen hastigen Zeilen Ihnen den

Kern meiner Position klarzumachen. Mit kurzen Worten kann ich Ihnen sagen, daß, obwohl die politischen Bedingungen in Frankreich für mich [und jedermann] immer noch ein Irrgarten sind, ein Punkt klar ist. Unter philosophischem oder religiösem Gesichtspunkt gibt es hier eine gewaltige Gärung, und zwar in genau der Richtung, die mich seit Jahren so sehr angezogen hat. Abgesehen von denen [den Toten], die sich noch an überwundene Positionen klammern, verlangt alles sehnsüchtig nach einer neuen *Weltanschauung* oder, wie Huxley es nennt, nach einer «minimalen Arbeitshypothese», der jeder Mensch, dem ernsthaft daran liegt, die neue Welt anzugehen und zu beherrschen, zustimmen und aufgrund der er mit den anderen zusammenarbeiten kann. Und überrascht [und sogar etwas erschreckt] entdecke ich, wie weit sich als Folge davon während der vergangenen sieben Jahre meine kleinen Papiere verbreitet und Leute aller Art beeindruckt haben. Etwas wie eine steigende Flut. Mein Problem ist, immer weiter voranzugehen, d.h. mein «inneres Feuer oder Licht» immer heller zu halten; und das kann nur ein Geschenk Gottes sein. Unterdessen ist der tägliche Kontakt mit so vielen eifrigen Seelen und Gehirnen ein machtvoller Anreiz zur weiteren Entwicklung meiner Gedanken. So ist soweit alles in Ordnung und sogar recht aufregend. Nach und nach hoffe ich, den besten Teil meines Tuns auf einige wenige ausgewählte Kanäle zu konzentrieren. Ein erster Schritt wäre es, die kirchliche Druckerlaubnis für mein Buch über das «Menschliche Phänomen» und einige ausgewählte Papiere zu bekommen. Einige wenige gute Artikel sind bereits veröffentlicht worden oder sind seit meiner Rückkehr in Druck. In Sachen Wissenschaft werde ich im nächsten Jahr zwei Reihen von Vorlesungen halten [à la Sorbonne und au Musée de l'Homme], und danach, so scheint es, kann ich leicht genügend Geld für einige wissenschaftliche Reisen ins Ausland [China? Südafrika?] einschließlich eines Besuchs in Amerika erhalten.

Gesellschaftlich habe ich hier natürlich eine Menge lieber Freunde wiedergefunden, von denen viele, wie ich selbst, gerade aus China zurückgekehrt sind. Es herrscht hier eine warme Atmosphäre, und ich fühle mich wie neugeboren in der Intensität westlichen Lebens. Breuil ist etwas älter geworden, bleibt aber so unbezähmbar wie früher. Wegen sogenannter Kollaboration [eine wahre Psychose] schneidet er V. – eine Situation, die das Leben im Institut nicht erleichtert. Ich halte mich sorgfältig aus dem Konflikt heraus, der mich nicht interessiert. Vergangen ist vergangen. Wir müssen nach vorne bauen.

Das materielle Leben ist hier durchaus erträglich, und äußerlich ist Paris recht lebendig und freundlich. Alle Leute in den Straßen, in der Metro etc. sind überraschend ruhig und nett und höflich. Wenn Sie es aber fertigbringen, mir ein *paar* Zigaretten zu schicken, würde ich das sehr zu schätzen wissen...

15, Rue Monsieur,
[undatiert, aber irgendwann im Juli 1946]

... die ganzen letzten Wochen ist das Leben so geschäftig gewesen, daß ich kaum Zeit finde, irgendwelche Briefe zu schreiben. Hinzu kommt, daß ich kürzlich zwei kurze Artikel zu schreiben hatte [einen über die psychologischen Effekte der Atombombe...], was mir einen ansehnlichen Teil meiner freien Zeit kostete. Jetzt aber verlassen so viele Leute die Stadt, daß ich etwas freier atmen kann. Anfang August möchte ich selbst von Paris nach Mittelfrankreich fahren, um in der Nähe von Lyon einige Freunde zu treffen und zu besuchen, was von meiner Familie noch in der Auvergne

geblieben ist. Am 18. September muß ich in der Nähe von Vichy eine Nichte trauen; und etwa am 20. September werde ich wieder hier sein.
Insgesamt bleibt mein ganzes Leben und mein allgemeines Planen gleich. Das Leben hier ist schrecklich aufregend und interessant, denn so viele Leute sind auf der Suche nach einer durchgreifenden Neuanpassung der Welt und ihrer eigenen Gedanken. Und ich bin wirklich jeden Tag etwas mehr darüber erstaunt, wie sich während des Krieges meine heimlich vervielfältigten Papiere nach überall hin verbreitet haben. Während der Ferien will ich versuchen, das Manuskript meines Buches über *Le Phénomène Humain* etwas aufzupolieren in der Hoffnung, daß eine neue Prüfung des Buches o.k. wird. Doch um ehrlich zu sein, ich bin heute nur noch halbwegs an dieser Aussage meines Denkens interessiert, die ich vor fünf Jahren als so *endgültig* ansah... Heute würde ich es vorziehen, etwas Neues, weniger Historisches, mehr auf die Struktur und das biologische Verhalten der gegenwärtigen Menschheit Konzentriertes zu schreiben. Doch wahrscheinlich sind beide Gesichtspunkte notwendig: und ich will mein Bestes tun, die alte Sache zu retten. Auf der rein wissenschaftlichen Seite ist die Lage weniger glänzend – das heißt, ich leiste nicht viel. Nächstes Jahr werde ich ein paar Vorlesungen an der Sorbonne halten und einige «Mitteilungen» vor verschiedenen Gesellschaften abgeben. Doch was ich brauche, ist offensichtlich, irgendwann, irgendwo ins Gelände zurückzukommen. Möglicherweise ist es in einem Jahr möglich, irgendeine kurze Expedition nach China zu machen? Vielleicht gelingt es mir auch, ein kleines [aber wirkungsvolles] Symposion in Südafrika zustande zu bringen [zu dem ich H. einladen würde: ich habe niemals einen sympathischeren Mitarbeiter im Gelände gefunden]. Viel hängt vom Wohlwollen der Rockefeller Foundation ab, die

mich freundlicherweise kürzlich zum «*associate professor*» gewählt hat.
Wissen Sie, daß dank dem alten Weidenreich [der noch am American Museum von New York ist] die beiden K. das nächste Jahr in New York verbringen sollen... Ich habe den Eindruck, daß die Menschheit es in unseren Tagen nötig hat, «psychoanalysiert» zu werden: jedermann, so glaube ich, sehnt sich heute nach demselben Etwas [jedermann: Techniker wie Arbeiter, Weiße wie Farbige] – doch niemand war bisher in der Lage, diesem «Etwas» seinen richtigen Namen zu geben.
Gestern erhielt ich Ihr kostbares Paket mit den Zigaretten. Großartig! Das Dumme ist nur, daß der französische Zoll [wie unfreundlich von ihm!] sie so hoch versteuert, daß ich Sie bitten muß, Ihre Freigebigkeit zu stoppen. Auf jeden Fall habe ich die erste Sendung o. k. erhalten, und ich werde sie um so mehr genießen.

15, Rue Monsieur, 21.–24. September 1946

Ihr Brief vom 17. September ist gerade an meinem ersten Tag in Paris angekommen, wohin ich gestern nach sechs Wochen sehr schöner Ferien zurückkam. Die ersten Wochen verbrachte ich in der Gegend von Lyon, die meiste Zeit des Tages in Gesprächen mit verschiedenen alten oder neuen Freunden [die meistens zu meinem Orden gehören]. Doch seit Anfang September wohnte ich komfortabel daheim in dem hübschen altmodischen Landhaus meines Pariser Bruders, in der Auvergne: eine wundervolle Landschaft aus Wiesen und Wäldern mit der ganzen Kette der Vulkane am Horizont vor der untergehenden Sonne. Nach so vielen in China verbrachten Jahren war mir nicht mehr klar, daß ich geistig noch so stark im heimatlichen Boden verwurzelt

bin. Mein Bruder ist von unwiderstehlichem Entgegenkommen und Charme [sogar den Bauern gegenüber], und obschon er die meiste Zeit in Paris tief im großen Geschäft und in gesellschaftlichen Kreisen lebt, bleibt sein Herz auf dem Lande, wo er weiterhin Eichen für seine Urenkel pflanzt... Es ist etwas tief Menschliches und Lehrreiches in diesem Glauben und in dieser Bindung an den Boden und die Familie, etwas was selbst in der größten Transformation der menschlichen Gesellschaft gewahrt bleiben muß. Diese Erfahrung machte ich als eine gute Warnung zu dem Zeitpunkt, da der Entdeckung der wahren Umrisse der Menschheit immer mehr meine ganze Kraft gilt.
Hier bin ich schon wieder von dem Wirbel ergriffen. Seit drei Tagen konnte ich diesen Brief nicht beenden. Immer wieder wurde ich von Leuten unterbrochen, die alle auf die eine oder andere Weise ungeduldig danach streben, dem Leben und dem Menschen einen Sinn abzugewinnen. In diesem Sommer wurden von mir vier und vielleicht sogar fünf kurze Artikel in verschiedenen Zeitschriften veröffentlicht; und ich muß die Zeit finden, einen anderen [längeren] über die Struktur und die Zukunft der Menschheit zu schreiben. Irgendwie dieselbe alte Geschichte, aber schärfer umrissen, glaube ich, und wesentlich verbessert. Unaufhörliche Gespräche zwingen mich, in meinem Denken tiefer zu gehen. Ich bin immer noch überrascht und irgendwie beunruhigt darüber, wie die Leute an meinen kleinen Schriften hängen, seien sie heimlich vervielfältigt oder nicht. Die Sache mit der Veröffentlichung meines Buches über den Menschen scheint ihren rechten Weg zu nehmen. Doch ist noch nichts entschieden. Darüber hinaus bin ich, um ehrlich zu sein, an der Arbeit weniger interessiert als früher: das Manuskript ist bereits sechs Jahre alt! Ich würde es heute etwas anders schreiben. Doch habe ich weder Zeit noch

Lust, es neu zu gestalten. Ich muß etwas anderes tun. Wenn ich ein o.k. bekomme, werde ich die Sache genau so drukken, wie sie ist, höchstens mit einigen Verbesserungen und vielleicht einem «Nachwort».
Ich bin froh um H.s Adresse. Die Möglichkeit für ein Symposion in Südafrika scheint sich zu bessern, und ich würde ihn sehr gerne im Gelände haben. Für die nächste Zukunft habe ich keine Pläne. Ich werde aufgefordert, Vorlesungen in Belgien, der Schweiz und Italien zu halten; doch werde ich wahrscheinlich nicht hinfahren, ausgenommen nach Brüssel. Ich habe hier mehr als genug zu tun, und ich brauche auch Zeit, um zu arbeiten und mich auf mich selbst zu konzentrieren.

15, Rue Monsieur, Paris VII, 1. November 1946

Jetzt bin ich seit sechs Wochen wieder in Paris. Während dieser Zeit war ich hauptsächlich damit beschäftigt, eine Vorlesung zu schreiben, die in der nächsten Woche in Brüssel gehalten werden sollte und in der ich versucht habe, meine neuesten und letzten Ideen über die Bildung der Menschheit zu umreissen und zu konzentrieren. Leider wird, wie ich Ihnen weiter unten erklären werde, die Vorlesung dieses Mal nicht gehalten. Aber immerhin ist das Papier da und gut geraten; so daß ich hoffe, es in diesem Winter in einer anständigen Zeitschrift unterzubringen; und das ist der wesentliche Punkt. Insgesamt ist die Nachfrage nach meinem «Evangelium» ebenso groß wie vorher, und sie wächst sogar noch. Doch als Folge davon sind kürzlich in irgendwelchen offiziellen Bereichen einige Befürchtungen zu der ganzen Angelegenheit laut geworden; und genau aus diesem Grunde wurde entschieden, meine Reise nach Brüssel sei zwar nicht gerade «nicht wünschenswert», aber doch «inopportun» und politisch unklug. Machen Sie sich um mich wegen dieser leichten Benachteiligung keine Sorgen. Nach der kürzlich von meinem Orden abgehaltenen Generalversammlung [anläßlich der Wahl eines neuen «Generals»] scheint es, daß ich der neuen Regierung viel sympathischer bin als der vorhergehenden. Ich darf sogar hoffen, daß die Frage der Veröffentlichung meines Buches über den Menschen in wenigen Monaten günstig entschieden wird. Sie wissen, seit ich fühle, daß sich der beste Teil meiner Ideen jetzt nach überall hin auf irgendeine unwiderstehliche Weise verbreitet, denke ich über Bücher und gedruckte Dinge viel philosophischer. Doch zur selben Zeit bin ich leidenschaftlich entschlossen, auf meiner Linie immer weiterzugehen. Wenn ich jeweils erwarte, mich dem Ende der Entwicklung zu nähern, scheint etwas Neues und Größeres aufzutauchen. Ein faszinierendes Leben, das Sie selbst gewiß auf Ihrem literarischen Weg erfahren. Nur eben fähig sein, das herauszubringen, wozu man gemacht ist...

An rein wissenschaftlicher Arbeit tue ich sehr wenig, weil sehr wenig zu tun vorliegt: kein Material zur Bearbeitung. Doch kann es sein, daß ich im nächsten Sommer für ein paar Wochen nach Südafrika fahre, um die «Australopithecus»-Spalten zu untersuchen. Dank Dr. Weidenreich und der Viking Foundation scheint es möglich, das Geld für die Reise zusammenzubringen. Ich bin von der Aussicht nicht so gepackt, wie ich es vor zehn Jahren noch gewesen wäre. Doch liegt die dortige Arbeit so sehr auf meiner Linie, daß ich fühle, ich muß sie tun. Ich habe es notwendig, meine wissenschaftliche Plattform zu erhalten, sogar für andere Zwecke.

Gesellschaftlich ist mein Leben in Paris hochinteressant. Fast jeden Tag komme ich mit neuen und wißbegierigen Persönlichkeiten in Kontakt, die eine neue Welt, neue Ökonomien, neue Ethiken etc. aufbauen wollen.

15, Rue Monsieur, 19. März 1947

Seit meinem letzten Brief blieb das Leben geschäftig auf derselben Linie. Noch mehr Vorträge [vor recht großen Auditorien von Studenten und sogar Priestern!] und ein ziemlich überfülltes gesellschaftliches Leben. Das letzte Ereignis war vor zwei Tagen ein außerordentlich vornehmes Essen im UNESCO-Haus. Huxley nahm mich beiseite, um mich zu bitten, meine eigenen Anschauungen über eine Neufassung der *Menschenrechte* zu schreiben, die in naher Zukunft unter den Auspizien der UNESCO verkündet werden sollten. Zuerst reagierte ich nicht allzu begeistert auf den Vorschlag; doch jetzt beginne ich, mich positiv dafür zu interessieren...

Die Südafrika-Angelegenheit scheint Gestalt zu gewinnen. Das Geld ist da bei der Viking Foundation; und Camp ist einverstanden, daß ich mich seiner Expedition anschließe. So daß ich in diesen Tagen Cook aufsuchen muß, um mir für den Juli einen Platz zu reservieren. Diese ganzen Umtriebe mit Fahrkarten, Geld, Devisen, Impfungen etc. sind mir widerlich. Doch ich glaube, *ich muß fahren:* der Ruf des Lebens...

Vor zwei Tagen habe ich die kleinen Verbesserungen an meinem Buch über den Menschen beendet. Besser als ich dachte; und entschieden «verbessert» durch eine Reihe geschickter [?] kleiner Änderungen. Jetzt muß ich das Manuskript zuerst nach Lyon zu einer «offiziellen» Gutheißung [durch meine Freunde] und dann zurück nach Rom für die offizielle Druckerlaubnis schicken. Was die letzte Entscheidung angeht, bin ich nicht sehr optimistisch, doch zumindest stehe ich der Sache ganz stoisch gegenüber.

15, Rue Monsieur, 9. April 1947

Hier ist mein Leben relativ ruhig gewesen. Keine Vorträge mehr für eine Weile; und nur etwas zuviel gesellschaftliches Leben am Abend. Über die Ostertage haben die meisten Leute die Stadt verlassen. Doch jetzt kommen sie zurück. Übermorgen fahre ich [mit dem Wagen] nach Beauvais zu einem halb religiösen, halb philosophischen «Symposion» [da es von einem Kollegen organisiert wird, konnte ich nicht ablehnen], bei dem ich die Eröffnungsansprache über «Das menschliche Denken in der Welt» [!] halten soll. Anschließend folgt das wissenschaftliche Symposion [über Genetik und Evolution] mit Simpson. Ich werde zweimal zu sprechen haben. Natürlich freue ich mich darüber, mit Simpson eine Menge theoretischer und praktischer Punkte zu diskutieren. Doch kann ich nicht verstehen, anhand welcher Gründe Weidenreich darauf kommt, ich sei in Paris nicht glücklich; zumindest aber schrieb er mir, Mr. F. hoffe noch, daß ich vielleicht sein großes Fossilienmaterial aus China studieren würde: Und das muß natürlich im Auge behalten und sorgfältig überlegt werden. Dies um so mehr, da Rom mir schließlich freundlich, aber entschieden abriet, mich um eine Professorenstelle am Collège de France zu bewerben; über diese Entscheidung vermag ich nicht traurig zu sein, da sie für mich die Weiterführung des gegenwärtigen Zustandes vollständiger Unabhängigkeit und restloser Freiheit bedeutet. Als eine Art von Kompensation scheinen dieselben Leute in Rom in etwa geneigt zu sein, mich mit voller Sympathie zu unterstützen; so daß es möglich sein könnte, daß mein Buch schließlich doch durchgeht. Das Manuskript wird noch abgetippt. Ich hoffe, es wird Rom im Mai erreichen.

15, Rue Monsieur, 30. April 1947

Ich habe heute morgen, genau am Vorabend des 1. Mai, Ihren Brief zu meinem Geburtstag erhalten. Allerdings hat der Geburtstag für mich seit langer Zeit aufgehört, ein besonders erfreulicher Tag zu sein. Tatsächlich verfließt die Zeit zu schnell, und es scheint gerade dann um so schneller, wenn man das Gefühl hat, fähig zu sein, sie am besten auszufüllen. Glauben Sie jedoch nicht, ich fühlte besonderes Mitleid mit mir selbst. Nur etwas Menschliches, dem man ins Auge sehen und aus dem man das Beste machen muß.

Der Südafrika-Plan scheint sich gut anzulassen. Ich habe nette Willkommensbriefe von dort unten erhalten. Doch habe ich bisher noch nicht eigentlich mit der schrecklichen Arbeit der materiellen Vorbereitung begonnen, den Visa, Reservierungen, Impfungen etc. Ich muß das während des nächsten Monats tun. Inzwischen liegt mein Buch in Lyon zur Gutheißung [durch eine Gruppe von Freunden, die es bereits gelesen haben]. Dann [ich hoffe, vor dem 1. Juni] wird es nach Rom weitergeschickt. Und dann werden wir sehen. Tatsächlich stehe ich [mit einigen anderen] ziemlich an der vordersten Front im Kampf für ein «neues» Christentum, eine Position, die meine Oberen scheu macht, wann immer die Rede von mir ist. Doch finde ich, für mich ist diese Lage ganz interessant. Und schließlich verursacht mir die Veröffentlichung [oder die Nichtveröffentlichung] des Buches kein Herzklopfen. Das einzige, woran ich *wirklich* interessiert bin, ist, daß die Ideen sich ausbreiten und so zur Verbindung zwischen den beiden Glaubensformen [an Gott und an den Menschen] beitragen; und das tun sie. So fühle ich mich wirklich glücklich.

Paris ist einfach schön: von oben gesehen sind die Straßen ein grüner weißer Fluß aus blühenden Kastanienbäumen. Insgesamt bleibt mein Leben dasselbe. Das Symposion zwischen Biologen und Paläontologen hielt mich in der letzten Woche ziemlich im Trab; doch das Ganze war doch wohl ein Erfolg. Meine Vormittage sind jetzt etwas freier und die Vorträge etwas weniger häufig. Doch jetzt beginnt das Südafrika-Geschäft...

15, Rue Monsieur, 23. Mai 1947

Hier bleibt mein Leben im wesentlichen dasselbe, ausgenommen, daß immer mehr neue Leute auf der Bühne erscheinen mit dem Ergebnis, daß ich immer mehr rede und denke. Insgesamt war das vergangene Jahr [seit ich von China zurückkam] wahrscheinlich eine der interessantesten Perioden meines Lebens. Auf jeden Fall hat es mich dahin gebracht, deutlicher als je wahrzunehmen, was für mich die Bedeutung und den Wert des Lebens ausmachte. Jetzt, glaube ich, weiß ich fast genau, was mein Glaube und mein «Evangelium» ist; und ich weiß auch, daß sie gewinnen können [und schließlich müssen]. Nebenbei bemerkt, das Manuskript meines Buches ist in Lyon günstig beurteilt worden und wird bald nach Rom weitergeschickt. Doch seien Sie nicht zu optimistisch: die Sache steht fünfzig zu fünfzig – und vielleicht noch weniger günstig.

Das Südafrika-Projekt scheint zu reifen. Doch konnte ich die Frage des Reisemittels bisher noch nicht klären, nicht einmal die Frage des Abreisedatums. Ich würde gern Mitte Juli abfahren, so daß ich Anfang November zurücksein würde. Doch sind die Dinge noch etwas ungewiß.

Als ich Ihnen das letzte Mal schrieb, las ich gerade Ihr Buch. Mein Gesamteindruck ist, daß es unter künstlerischem und psychologischem Gesichtspunkt entschieden ein sehr gutes Buch ist, das den Leser packt und zwingt, seine eigene Lebensphilosophie kritisch zu beurteilen. Nun, soweit *Ihre*

Interpretation des Lebens in der Novelle ausgesagt wird, kennen Sie meine Einstellung dazu bereits. Ich glaube, auf die eine oder andere Weise muß der «magische» Kreis durchbrochen werden: es gibt ein Entrinnen in Richtung einer immer wachsenden Liebe. Doch dann muß eine weitere «Dimension» in unsere Erfahrung eingeführt werden, die Dimension des «Göttlichen» [des *wahren* Göttlichen, das nämlich nicht unterdrückt, sondern umwandelt].

15, Rue Monsieur, 4. Juli 1947

Dies ist seit einem Monat der erste Brief, den ich zu kritzeln versuche. Ein Beweis für Sie, daß ich aus dem Bett bin und mich in meinem Zimmer bewege. Insgesamt geht es mir und fühle ich mich auch viel besser. Doch die Ärzte sind diamanthart: ich muß noch einen Monat lang [Juli] mehr oder weniger im Haus bleiben und dann irgendwo [in der Nachbarschaft von Paris] bis zum 1. Dezember ausruhen. Danach bin ich entlassen, selbstverständlich mit einigen «Vorsichtsmaßregeln».

Bis dahin habe ich viel von meinem inneren Leben neu zu bauen [oder zu überdenken]. Ich zweifle daran, daß ich fähig sein werde, noch weiter ein Mann «des Geländes» zu sein. Dann muß ich meine Bemühungen auf etwas anderes konzentrieren. Dieser Zwischenfall muß, so glaube ich, als der Anfang von etwas Konstruktivem und Neuem benutzt werden.

15, Rue Monsieur, Paris, 17. Juli 1947

Ich will versuchen, Ihnen genau zu berichten, wie ich mich fühle. Physisch geht es mir, wie es scheint, rasch besser. Seit vierzehn Tagen verbringe ich einen Teil des Tages mit Spaziergängen im Garten der Klinik, der recht schön ist, wenn man bedenkt, daß er im Zentrum von Paris liegt. Übermorgen gehe ich zurück zu den *Études* [der nächste Häuserblock]; und am darauffolgenden Tage fahre ich nach St-Germain-en-Laye [bei Paris], wo ich in einem [von Nonnen wohl versorgten] Erholungsheim in der Nähe des Waldes von St-Germain auf der Hochebene einen Monat verbringen soll. Weiter ist bisher noch nichts klar, außer daß ich bis zum 1. Dezember ein etwas eingeschränktes Leben führen muß [12 Stunden Schlaf, so wenig Treppen wie möglich, keine physische Anstrengung etc.], was mich offensichtlich [zumindest bis im November] dem Haus der *Études* [wo es keinen Aufzug gibt] fern und möglicherweise in der Umgebung von Paris halten wird. Moralisch weiß ich noch nicht genau, wo ich stehe, ausgenommen daß meine Spannkraft noch gut ist. Ich denke. Selbstverständlich schmerzt mich noch der Gedanke an die Afrikareise, die offensichtlich *ganz genau* der nächste Schritt war, den ich zu tun hatte. Auch kann mir niemand sagen, wieweit ich die wirkliche Arbeit im Gelände nach sechs Monaten wieder aufzunehmen vermag... Wissenschaftlich, fürchte ich etwas, werde ich «nicht mehr im Stromkreis» drin stehen. Doch bleibt das ganze Feld des modernen Menschen und der sozialen Biologie tatsächlich die Hauptsache, die mich seit meiner Rückkehr von China beschäftigt hat. Sollte das Geschehene nicht eben die «Bedeutung» haben, daß ich mich jetzt auf diese neue Seite meiner früheren Aktivitäten konzentrieren muß? Ich kann das bisher noch nicht positiv sagen; doch wird die natürliche Entwicklung der Dinge entscheiden. Auf jeden Fall ist eines sicher: daß nämlich das menschliche Problem [ich meine das Problem der Zukunft des Menschen] im Laufe dieser wenigen Wochen in meinem Geist endgültig den ersten Platz weit über irgendwelchen anderen wissenschaftlichen Bemühungen eingenommen hat. Ich kann nicht sagen, daß ich mich derzeit besonders fröhlich fühle. Doch bewahre ich ein vielleicht wachsendes Interesse am Leben, was schon viel ist.

4, Place Louis XIV, St-Germain-en-Laye [Seine-et-Oise], 6. August 1947

... Ja, ich glaube, es ist etwas über die gleichzeitige Schrumpfung des Lebens und des Geldes zu sagen. Geld ist [geradeso wie Liebe und Wissenschaft] eine dieser [sogenannten *materiellen*] Energien, bei denen wir nach und nach entdecken müssen, daß ohne sie keine Vergeistigung in der evolvierenden Welt möglich ist. Das Dumme dabei ist nur, wie diese besondere Geldenergie eine Tendenz hat, einzufrieren und dort festzukleben, wo sie sich zufällig anhäuft, anstatt zu fließen, wie sie sollte.

Ich schreibe Ihnen aus einer kleinen Klinik unmittelbar am Rande des Waldes von St-Germain, wo ich eine recht angenehme Zeit unter der Pflege von äußerst aufmerksamen Nonnen [in weiß-blauen Gewändern] verbringe, die scheinbar beschlossen haben, daß ich ihr Haus fett verlassen solle, etwas, was ihnen natürlich nicht gelingen wird, obwohl ich zugeben muß, daß ich bereits weniger mager bin, als ich seit Monaten und vielleicht Jahren gewesen bin. Die Tage vergehen recht schnell: einmal weil ich lange im Bett bleiben muß, aber auch weil mein Geist mit Hilfe zahlreicher Bücher und auch vieler lieber Freunde recht aktiv ist: trotz der Entfernung von Paris bekomme ich fast jeden Tag Besuch. Sie sehen also, ich bin immer noch ein *Privilegierter*. Andererseits hat die Familie ein schrecklicher Schlag getroffen. Einer meiner Neffen ist in der Auvergne ertrunken, als er in einem Teich schwamm: in Schlingpflanzen verfangen. Mein Bruder besuchte mich letzte Woche; er ist gebrochen, aber zur gleichen Zeit sehr ruhig und stark. Weitermachen. Es zahlt sich aus, einen Glauben zu haben... Und wirklich, im Ernst, ich sehe nicht, wie wir dieser Alternative entrinnen könnten: entweder entwickelt die Welt durch gute und böse Chancen hindurch etwas «Anbetungswürdiges», und dann müssen wir ihr dienen und sie lieben; oder sie ist einfach absurd und *hassenswert,* und dann müssen wir sie so sehr verwerfen, wie wir können.

Physisch geht es mir recht gut [nebenbei, was ich hatte, trägt in barbarischem Französisch das Schildchen *infarctus du myocarde*]. Doch muß ich nichtsdestoweniger mich bis zum 1. Dezember ruhig verhalten. Ich werde sicher bis Ende August hier bleiben. Doch hinterher habe ich noch keine endgültigen Pläne. Die Hauptfrage ist, wie ich mein Leben nach dem Dezember einrichte. Offensichtlich wird die Antwort durch die Umstände gegeben werden. Wenn es sich dann erweist, daß meine Anschauungen über den *heutigen* Menschen noch ebenso gefragt sind wie im letzten Jahr [und wenn es zur selben Zeit klar wird, daß für mich extensive Arbeit im Gelände nicht mehr in Frage kommt], muß ich vielleicht der alten Mutter Paläontologie Lebewohl sagen. Sie brachte mich zur inneren Freiheit und sie führte mich ein in eine neue [noch namenlose] Wissenschaft vom Menschen. Jetzt aber kann mir unter Fossilien übel werden, insbesondere wenn die Fossilien in einer Schublade sind. Und doch ist es zur gleichen Zeit beruhigend, einen festen Grund materieller Fakten unter seinen Füßen zu fühlen... Wir werden sehen. Bis dahin mache ich mir keine Sorgen. Ich beobachte nur die Dinge in mir und um mich herum.

Ich habe Ihnen gegenüber wohl nicht erwähnt, daß mir der zweite Grad der *Légion d'Honneur [la rosette]* verliehen worden ist, weil ich sie, wäre es nicht um der Freundlichkeit der

Leute willen, die sie mir gaben, aus Mangel an Bescheidenheit abgelehnt hätte... Orden sind so etwas Dummes, und jeder *ältere Herr in Paris trägt die Rosette.* Interessanter für mich war meine Wahl [gleichfalls im Juni] zum *korrespondierenden Mitglied der Académie des Sciences.* Aber selbst das interessiert mich nicht allzu sehr. Ich hatte den Eindruck, stärker und freier zu sein, als ich nichts war und nichts hatte. Wahrscheinlich eine Superform des Stolzes; aber auch Ekel davor, daß so viele Leute nach «Auszeichnungen» jagen, anstatt ihr Leben für ein größeres Leben hinzugeben.

18. August 1947

Mein Leben hier ist immer noch dasselbe. Nichts wirklich Aufregendes. Doch habe ich das Gefühl, daß meine Gedanken reifen; und mir scheint, daß die wenigen wirklich wichtigen Punkte meiner Weltanschauung immer schärfer zutage treten. So bleibe ich am Leben interessiert; und ich bereite sogar nach und nach das Thema und den Plan für verschiedene neue Schriften vor. Möglicherweise werde ich schon bald die Umstände segnen, die mich gezwungen haben, der Geologie schließlich Lebewohl zu sagen...

2. September 1947

Nichts Neues in meinem Leben. Ich lese und denke einfach weiter und schreibe sogar. Habe ich Ihnen gesagt, daß ich vor vierzehn Tagen nach Versailles gefahren bin, um zu einer recht wichtigen [aber auch recht gemischten] Versammlung ausländischer und französischer Jesuiten zu sprechen? Zwar wurde mein Manuskript von jemand anderem gelesen; doch leitete ich die Diskussion ohne irgendwie zu ermüden. Freunde kommen fast jeden Tag hierher. Insgesamt ist der Ort gut; so daß ich bis Anfang Oktober hier bleiben kann. Bisher ist noch nichts entschieden.

24. September 1947

Seit ich Ihnen das letzte Mal schrieb, ging das Leben hier genau gleich weiter: großartiges Wetter, schöne Bäume, viele gute Bücher, einige Freunde, die mich besuchen kommen, und innerlich ein zufriedenstellendes Wachsen im Denken.

Der einzige Rückschlag in dieser Zeit war, daß ich einmal mehr mit Rom in Schwierigkeiten bin. Offensichtlich habe ich mehr Leute, als angenommen, durch meine alten Schriften beleidigt. Insgesamt ist die fundamentalistische Offensive des letzten Jahres durchaus zurückgeschlagen; aber irgendwer hat irgendwas dafür zu bezahlen. Und um mich vor etwas Schrecklichem [wahrscheinlich, auf den «Index» gesetzt zu werden?] zu schützen, hat mein Pater «General» entschieden, daß ich mich für den Augenblick auf dem Gebiet der Philosophie und Theologie ruhig verhalten [das heißt, von jeglicher Veröffentlichung enthalten] soll. In wissenschaftlichen Dingen keine Beschränkung. Wo aber liegt die Grenze für diese Leute?...

Nun, ich sehe das Ganze recht philosophisch, weil ich aus Erfahrung weiß [zumindest zum drittenmal], daß solche Behinderungen, richtig gehandhabt, den Fortschritt und die Verbreitung der Ideen nicht stoppen, sondern im Gegenteil fördern. Und außerdem habe ich so viele ergebene Freunde in guten strategischen Positionen, daß ich mich im Hinblick auf die Zukunft ganz sicher fühle. Nichtsdestoweniger ist es ein Jammer, daß man immer gegen irgendwelche Feinde im Innern kämpfen muß. Kein Wunder, wenn das Christentum von außen so rückständig und langsam aussieht...

In der Zwischenzeit denke, spreche und schreibe ich natürlich weiter wie zuvor. Das aber ist natürlich einfach nur *fair play* und als solches sogar von meinem General anerkannt.

Paris, 23. Dezember 1947

Ich hoffe, Ihre Rückreise nach New York verlief glatt und angenehm. Und hier ist jetzt mein Weihnachtsbrief, nur etwas verspätet, weil ich zu vermeiden suchte, daß unsere Briefe einander kreuzten – was sie natürlich tun werden. Mögen diese Feiertage so strahlend wie möglich sein für Sie und für N.! Mein tiefster Wunsch ist, wie Sie wissen, daß etwas mehr Strahlen [Licht und Wärme, und zwar innere Wärme], vom Hauptbrennpunkt der Liebe über Sie und in Ihnen kommend, Sie tief durchdringen mögen. Seien Sie jedoch nicht ungeduldig: Halten Sie nur Ihren Geist und Ihr Herz in der richtigen Richtung offen – der Richtung dessen, was größer ist als Sie.

Bis jetzt aus Rom keine Antwort. Doch das, so nehme ich an, bedeutet nichts. Mittlerweile wurde mir mein Paß von der französischen Seite ausgestellt, was natürlich bereits ein Schritt in Richtung Amerika ist. Das Leben in Paris ist ganz normal im Augenblick.

Letzte Woche habe ich zwei Vorträge in halbprivaten Kreisen gehalten: einen an der École Normale Supérieure von St. Cloud [eine recht antiklerikale Bastion] und den anderen vor einer Gruppe Studenten höherer Semester nicht weit von hier. Noch selten hatte ich das Gefühl, das, was ich fühlte und was ich zu sagen wünschte, so gut zum Ausdruck gebracht zu haben; selbstverständlich sind viele Dinge in meinem Geist seit zwei Jahren gereift, und ich fühle, es liegt Kraft darin. «Mit der Hilfe Gottes» habe ich volles Vertrauen in die Zukunft. Mittlerweile habe ich dieser Tage ein neues Papier geschrieben [ich habe jetzt eine schwache Hoffnung, daß das diesen Sommer Geschriebene veröffentlicht wird]; und ich plane, noch mehr zu schreiben. Ich habe entschieden den Eindruck, daß meine *Weltanschauung* seit einigen Monaten sehr rasch klare Gestalt gewinnt. Wir werden sehen.

Gesellschaftlich habe ich mich über nichts zu beklagen. Letzten Sonntag ging ich zu einer Tea-Party bei B. [Kanadische Botschaft]. Viele Schriftsteller, Maler etc. in der Menge [Maurois, Lacretelle, Gilson etc.], und ein gerade aus Mexiko zurückgekehrter lieber Freund [UNESCO]. Gestern sah ich Ella Maillart [das Mädchen, das Asien bereist hat]. Wie Sie wissen, saß sie während des Krieges zu Füßen eines indischen Guru, wo sie eine Art von Frieden fand. Wir führten ein langes Gespräch über die Vedanta-Mystik, der ich immer mehr mißtraue [weil ich glaube, sie löst das grundlegende Problem der Einheit unkorrekt und sophistisch und zerstört damit logisch die Liebe].

Paris, 3. Januar 1948

Letzte Woche hat sich meine Nichte offiziell *verlobt;* und aus diesem Anlaß hatten wir ein Familienessen bei meinem Bruder. Es scheint wirklich, daß die beiden jungen Leute eine dauerhafte und glückliche Vereinigung beginnen. Das Fehlen des Bruders [der im Juli starb] war natürlich da als ein Unterton von Melancholie ... aber nicht als ein wirklicher Schatten. Sie wissen, es ist einer der stärksten Punkte des Christentums und einer der Gründe, aus denen es irgendwie und irgendwann gewinnen muß: kein anderer Glaubenstyp, der sich bisher in der Menschheit entwickelt hat, ist in gleicher Weise fähig, der Welt um uns herum [trotz ihrer Unermeßlichkeit und anscheinenden Blindheit und Erbarmungslosigkeit] Süße und innere *Wärme* zu geben [weil sie in ihrem oberen Zielpunkt und in ihrer Essenz personal, liebenswert und liebend ist]. Die wahre Bedrohung für den Menschen liegt nicht in einer Erkaltung der Erde, sondern in einer «innerlich» unpersonalen, eisigen Welt. Und wenn ich es richtig sehe, ist das kein «Wunschdenken», sondern eine streng wissenschaftliche, biologische Frage des Überlebens. Auf jeden Fall, was ich sagen wollte, die Trauer bei der Verlobung meiner Nichte am letzten Sonntag, war keine Traurigkeit, und das ist viel. ...

Paris, 25. Januar 1948

Einige kurze Zeilen, um Ihnen zu sagen, daß sich alles befriedigend entwickelt. Ich bin gegen die Pocken geimpft. Die Frage der Visa braucht Zeit wegen der Routine-Formalitäten. Sonst nichts. Außer, daß ich noch einige Vorträge in halbprivaten Zirkeln gehalten habe, vor allem gestern vor einer kleinen Gruppe von Marxisten [hauptsächlich Professoren]. Ich habe das Gefühl, meinen eigenen Standpunkt immer mehr zu meistern und ihn immer mehr auf seine klarstmögliche Essenz zu bringen. Ich mag diese Art Arbeit. Vor einer Woche war ich bei einem Treffen des «Glaubenskongresses» [Congress of Faiths, zu dem zu kommen man mich, wie Sie wissen, gewöhnlich bittet, obwohl er nicht genau auf meiner Linie liegt] ganz einfach starr vor Staunen, als unerwartet ein richtiger und wirklicher burmesischer «Bonze» in voller gelber Bekleidung [jedoch ohne Reisschüssel] eintrat. Der gelbe Vogel sprach englisch; und er erklärte, er sei der erste einer Gruppe, die nach Europa gesandt werde in der Absicht, den Westen in einen unverfälschten Kontakt mit dem Osten zu bringen. Rührend, aber nicht überzeugend. Ich habe, so glaube ich, Ihnen gesagt, was ich von dem sogenannten Geist des Ostens halte. Das Auftreten des Bonzen war das Ergebnis einer Art von Fehler. Doch hat es mir viel Vergnügen gemacht; und in geraffter Form sah ich das ganze Burma von 1938.

6. Februar 1948

Nichts Neues. Gestern hielt ich an der École Supérieure de la Guerre [Kriegsakademie] einen Vortrag über den Menschen und die Menschheit vor einer eindrucksvollen Zahl von Sternen und *Tressen*. Und das Spaßigste an der ganzen Sache war, daß ich nach dem Vortrag lange Betrachtungen über ... die Erbsünde entwickeln mußte! Genau das brennende Thema, das ich mit allen Mitteln vermeiden soll. Ich glaube wirklich an die Vorsehung.

Georgetown University, Washington, D.C., Freitag, 2. April 1948

Nichts Besonderes auf dem Wege nach hier, außer daß ich zwischen Philadelphia und Baltimore ein interessantes Gespräch führte, als ich versuchte, die Augen eines geistig ziemlich offenen katholischen Studenten der Pennsylvania University über die wahre Natur des derzeitigen geistigen Konfliktes in der Welt zu öffnen.

Gestern besuchte ich Mrs. und Botschafter Grew in ihrem wirklich reizenden Haus im Wald: ein genaues Gegenstück meines Besuches bei ihnen 1937 in Tokio. Heute morgen gehe ich zu der anthropologischen Tagung im Nationalmuseum; gestern traf ich Weidenreich mit zwei Anthropologen, die beide zu den Viking Fund-Gesprächen kommen wollen. Einer von ihnen erzählte mir, er habe den Eindruck, im Ausgang von einer atheistischen Basis hätte er, was den

Menschen angeht, dieselben Schlußfolgerungen erreicht wie ich. Das scheint interessant.

Paris, 22. Juni 1948

... Es ist mir gelungen, ein paar Seiten zu schreiben [die noch nicht ganz beendet sind] über ein Thema, das mir in New York einfiel [«Über die Richtungen und die Bedingungen der Zukunft»]. Ich bin mit dem Ergebnis nicht besonders zufrieden. Doch ist es immerhin schon etwas, daß ich imstande war, einen neuen Aspekt meiner Ideen angemessen auszusagen. Ich schrieb wie gewöhnlich diese Seiten Absatz um Absatz am Vormittag zwischen verschiedenen «Besuchen» und vielen Telefonanrufen. Es sind noch viele Leute in Paris; und ich habe noch lange nicht alle notwendigen Kontakte wieder hergestellt. Vor drei Tagen habe ich mit Malvina Hoffmann in ihrem Pariser Studio gegessen, das ich seit mehr als zwölf Jahren nicht mehr gesehen hatte [Mme. de la B. war auch dort]. Im Krieg ist nichts verlorengegangen! Meine *Büste* [nur der Kopf] war dort zur Verbesserung [weniger fromm...]; doch habe ich die neue Version nicht gesehen, die noch unter einem Schleier liegt. Morgen will ich nach Rom schreiben, um eine Antwort sowohl wegen der «sechs Vorlesungen» als auch des Collège de France zu erhalten, für das zu kandidieren ich jetzt nachdrücklich aufgefordert werde [von den Leuten des Collège]. Um die Wahrheit zu sagen, mich reizt dieser Vorschlag nicht besonders. Die Zahl von Vorlesungen [zumindest zwanzig] scheint mir zu groß zu sein; und wie Sie wissen, bin ich nicht mehr so scharf auf die Vorgeschichte. Auf jeden Fall wird es interessant sein, die römische Reaktion zu hören.
Ich mache bisher noch keinerlei Sommerpläne. Ich habe die leise Absicht, einen Monat zwischen dem 20. August und

dem 20. September bei meinem Bruder zu verbringen. Gerade jetzt ist Paris richtig: grün und fast kalt.

15, Rue Monsieur, 30. Juni 1948

Hier wachse ich nach und nach wieder in das alte Leben hinein, vielleicht allzu abgelenkt, ohne eine klar umrissene zentrale Arbeit. Ich habe den kurzen Essay, von dem ich Ihnen sprach, beendet [«Über die Richtungen und die Bedingungen der Zukunft»]; doch bin ich nicht sicher, ob ich ihn zur Veröffentlichung unterbringe. Bisher noch nichts [aber das ist ganz normal] aus Rom in Hinblick auf die Vorlesungen in Amerika und das Collège de France. Letzte Woche hatte ich eine recht freundliche Unterhaltung mit dem Administrator des Collège. Wie ich Ihnen schon sagte, stehe ich der Frage ganz [vielleicht zu] stoisch gegenüber. Ein Grund, ruhig zu bleiben, ist auch, daß ich im besten Falle nicht vor Frühjahr 1949 zu der Professur berufen werden könnte!

Insgesamt laufen, wie Sie sehen, die Dinge für mich ziemlich gut. Doch brauche ich Gott, daß er mir einen neuen Vorrat von geistiger Energie eingieße.

15, Rue Monsieur, Paris VII, 5. Juli 1948

Das Leben geht so ziemlich gleich weiter. Keine Antwort aus Rom, bis jetzt. Doch das ist normal: die Dinge gehen dort unten immer ziemlich langsam voran. Ich sehe immer noch recht viele Leute; und gestern habe ich privat in einem ganz reizenden Rahmen zu etwa 40 oder 50 «Sympathisierenden» gesprochen: das Studio eines Künstlers, der die erstaunlichsten modernen Wandteppiche entwirft, die ich je gesehen habe. Diese Ansprache zu halten, hat mir gut getan;

weil sie mir den Beweis und das Gefühl gab, etwas zu verwirklichen. Was ich wahrscheinlich jetzt gerade brauche, ist eine endgültige Linie oder Aussicht für ein Wirken in der Zukunft. Praktisch lebe ich *von einem Tag auf den anderen*. Jeder Tag ist ausgefüllt und interessant. Doch brauche ich etwas Klareres und Größeres vor mir. Wir wollen auf die Antwort aus Rom warten.

Der Brief von I. hat mich recht traurig gestimmt. Nun, die Schlußfolgerung ist immer dieselbe: Liebe ist die machtvollste und doch die unbekannteste Energie der Welt.

Jetzt, da ich den kleinen Essay beendet habe, von dem ich Ihnen erzählte [über die Richtungen der Zukunft des Menschen], werde ich möglicherweise eine kurze Synthese meiner ganzen *Weltanschauung [Comment je vois]* schreiben, nicht gründlich ausgearbeitet, sondern in einer Reihe kurzer zusammenhängender Thesen – genauso wie Leibniz in seiner «Monadologie». Ich versuchte es bereits einmal in China, und das Ergebnis gefiel mir: Kürzer und wirksamer, wenn auch nicht so künstlerisch wie eine «oratorische» Darlegung. Diese Arbeit würde der Abfassung der sechs Vorlesungen nicht so fremd sein, wie Sie denken.

15 Rue Monsieur, Paris VII, 11. Juli 1948

Gestern erhielt ich einenBrief aus Rom: im Kern sehr gut, aber zur gleichen Zeit recht unangenehm. Mit zwei Worten, der P. General meint, daß wahrscheinlich alles o. k. sein wird [vielleicht einschließlich der Veröffentlichung meines Buches], aber zuvor wünscht er, daß ich Anfang Oktober für «ein oder zwei Monate» zu Gesprächen nach Rom komme. Im Anschluß an diese Gespräche, so meint er zuversichtlich, wird er mir alles erlauben [wobei er übersieht – wie ich ihm heute in einer höchst respektvollen Antwort

schrieb – daß sowohl Dr. Fejos als auch das Collège de France *vor Oktober* eine Antwort wünschen...]. Das Ganze ist noch ein Durcheinander. Und doch ist diese Einladung an mich, nach Rom zu fahren, objektiv vielleicht die Chance meines Lebens und der Wendepunkt für eine weitere und unmittelbarere Art der Aktivität. Jedermann hier ist der Meinung, daß die Sache wie ein Erfolg für mich klingt. Und der *Ton* des P. General ist eindeutig freundlich. Sobald ich weitere Instruktionen aus Rom erhalte, lasse ich es Sie wissen. Inzwischen werde ich wahrscheinlich Dr. Fejos schreiben, daß ich die Erlaubnis für die sechs Vorlesungen «höchstwahrscheinlich» bekommen werde.
Sonst nichts Neues [dies ist genug!]. Ich komme langsam, aber beständig mit den Abschnitten des *Comment je vois* voran. ... P.S. Ich erhielt gerade die Antwort aus Rom. Äußerst freundlich im *Ton;* und genau, was ich hätte erwarten sollen. Nämlich, ich hätte [sowohl Amerika wie auch dem Collège de France gegenüber] offen den Grund für die Situation darzulegen und ihnen zu sagen, [wenn möglich] bis November zu warten oder aufgrund einer Wahrscheinlichkeit sich zu entscheiden. Wenn sie nicht warten können, muß ich aufgeben. Wie ich Ihnen schon sagte, weine ich dem Collège nicht nach. Was Amerika angeht, so können die Vorlesungen verschoben werden.

Les Moulins par Neuville [Puy-de-Dôme],
2. September 1948

Hier betrachte ich noch immer die Hügel mit den wogenden Wäldern, die *Plaine de la Limagne,* und die Vulkane am Horizont. Nachdem ich einige zehn Seiten geschrieben habe, in die ich [als eine Einleitung zu meiner Bibliographie: einige 125 Aufsätze oder Abhandlungen] für das Collège de

France die wichtigsten Ergebnisse meiner wissenschaftlichen Arbeit zu komprimieren versucht habe, habe ich mich entschlossen, das, was unter uns «Exerzitien» genannt wird, zu machen [aber eher weniger genau als zu streng]: das heißt, eine Woche lang [die am 7. September endet] versuche ich, hauptsächlich in Berührung oder in Kontakt mit der Existenz und der «Allgegenwart» Gottes zu bleiben. Nicht viel äußere Abwechslung in meinem Leben hier, natürlich [alles ist hier ruhig und still]: sondern meistens ein schwaches und stetiges Bemühen, etwas mehr *innerlich*, enger bei dem universellen Zentrum der bewußten Konvergenz zu leben, die ich mich so eifrig zu verteidigen und zu beweisen bemühe, bei der ich aber immer noch weit davon entfernt bin [leider], sie als etwas *Wirkliches* zu erfahren. Ich fühle mich gewiß besser geeignet und stärker für diese Art von Betrachtung oder Gebet. Und zur selben Zeit werden – weil ich Gott nicht ohne die Welt noch die Welt außerhalb von Gott denken kann – meine alten Anschauungen über die Struktur und die Zukunft des Menschen im selben Licht klarer und lebhafter. Physische Unruhe liegt immer noch über mir: ich versuche, sie zu vergessen. Insgesamt erhole ich mich hier langsam. Schönes Wetter: klar und kühl. Die Reben werden schwarz. Doch ich werde abreisen [etwa um den 15.], bevor sie reif sind. Ich lese ein wenig, kritzle ein paar Notizen und gehe meistens unter den großen Eichen spazieren.

Les Moulins par Neuville [Puy-de-Dôme],
7. September 1948

Schon rücken die letzten Tage meines Aufenthalts in der Auvergne näher. Über meine Rückkehr nach Paris ist nichts Genaues entschieden: aber es wird gewiß um den 15. herum sein. Inzwischen habe ich gerade diese Art von «Exerzitien» beendet, in die ich mich, wie ich Ihnen sagte, eingelassen hatte: ein ziemlich einfaches und leises Bemühen, enger in der allumfassenden Gegenwart Gottes, des gemeinsamen und lebendigen Zentrums, zu leben, zu dem wir alle konvergieren. Ich glaube, ich hatte Recht, mein Glück zu versuchen und meine letzte Woche hier [eine besonders ruhige Woche] für diese Übung zu nutzen. Wenn ich nach Paris zurückkomme, werde ich wenig Zeit haben, um innerlich etwas zu tun.

Sie fragen mich, was meiner Meinung nach in Rom geschehen wird. Nun, die Idee des P. General geht offensichtlich dahin, einen persönlichen «Kontakt» zu mir zu haben und mir eine relative Freiheit zu gewähren, unter bestimmten Voraussetzungen zu veröffentlichen und zu sprechen. Wieweit aber diese Begegnung uns zu einem wahren Verständnis oder einfach zu einem «Kompromiß» führen wird, ist mir höchst unklar. Ich weiß, daß einer meiner besten und wahrsten Freunde [F. P. C.] gerade letzte Woche [von Rom kommend] durch Paris gekommen ist und O. und J. einige Vorschläge hinterlassen hat, wie ich vorgehen sollte. Doch glaube und fühle ich, ich werde [genauso wie mit dem «American» und den Fordham-Leuten] meiner eigenen Eingebung folgen und [in netter Weise] genau das sagen, was ich denke. Ich fahre nicht nach Rom, um irgendetwas zu erbitten, sondern um an der Spitze meiner Kirche frei aus mir herauszulassen, was immer im Laufe dieser Jahre für mich evident geworden ist. Was wir alle brauchen, ist eine klare Aussage über die religiöse Lage der Welt. Und ich bin entschlossen, ganz freundlich, aber *klar* zu sprechen [natürlich nur mit den kompetenten Leuten]. Ich glaube, ich kann es wohl ohne übertriebenes Risiko tun. Ich habe immer bemerkt, daß man fast alles sagen kann, vorausgesetzt man braucht den richtigen *Ton*. Ganz ehrlich, ich bin dem Christentum tief verbunden: doch glaube ich einfach, daß unter den gegenwärtigen Umständen Christus [im Vergleich mit der Welt] *zu klein* gehalten wird: das *können* sie *nicht* spüren [die einzige Schwierigkeit ist – und mag sein – daß sie die *wirkliche* Größe der Welt *nicht sehen*. ...].

Les Moulins, 13. September 1948

Morgen verlasse ich das liebe Moulins und bin wieder in der Rue Monsieur. Ich fühle mich etwas melancholisch bei der Aussicht, weil ich eine Art Gewohnheit entwickelt habe, hier in der Ruhe der Felder und Wälder zu sein. Doch ich nehme an, ich habe soviel Ruhe bekommen, wie mir gut tat. Und ich befürchte fast, daß eine allzu lange Entspannung nicht gerade das Beste für meine Nerven ist.

In einer Woche oder zehn Tagen muß ich in Versailles vor einer großen Zuhörerschaft von Priestern sprechen [den Verantwortlichen der Arbeiterjugend]. Eine sehr sympathische Gruppe von Männern, so daß ich nur offen und natürlich zu sagen habe, was ich über die «neue Christenheit» und die «neue Menschheit» denke und fühle – aufs Ganze eine leichte Aufgabe.

Vor zwei Tagen besuchte ich am Ufer der Allier meine Schwägerin Caroline. Ich mag sie sehr gern. Sie und das alte [von der Gegenwart meines Bruders noch ganz erfüllte] Haus zu sehen, hat mich tief bewegt; und soviele Erinnerungen stiegen in mir auf, die ich für ganz tot hielt... Zugleich aber wurde ich wieder einmal mehr gewahr, wie unmöglich es für mich geworden ist, in irgendeine andere Richtung außer nach vorn zu sehen.

15 Rue Monsieur, 18. September 1948

Ich kam am letzten Dienstag mit meinem Bruder hierher zurück, und mit aller Wahrscheinlichkeit werde ich während der ersten Oktobertage nach Rom abreisen [ich erwarte eine Antwort von Rom], vorausgesetzt daß es keine Streiks oder etwas Ähnliches gibt. Bis dahin habe ich eine ganze Menge Kleinigkeiten zu erledigen: Ausrüstung, Visa, Geld, einen Vortrag [in Versailles am 21.] vor einer großen Versammlung unter den «Proletariern» arbeitender Priester, die letzten Korrekturen an meiner Bibliographie, einige Besuche beim Collège de France etc. Die Zeitungsausschnitte in Ihrem letzten Brief haben mich wirklich interessiert. Was die Ansprache des Papstes angeht, so wissen Sie, daß ich die Dinge etwas anders aussage: der Konflikt liegt nicht zwischen dem Christentum und dem Atheismus, sondern zwischen dem alten und traditionellen Glauben an einen himmlischen Fluchtweg *nach oben* und einem anderen neuen Glauben an ein evolutionäres Entrinnen *nach vorn;* und wesentlich ist zu sehen, daß zwischen dem *Empor* und dem *Voran* kein Widerspruch, sondern eine wesentliche Komplementarität herrscht. Dies ist der eigentliche Kern meiner «Botschaft» an Rom. Was Huxleys Buch angeht, so ist es wirklich seltsam, wie nahe wir einander kommen. Doch habe ich mich über den Rezensenten «geärgert», als er Huxleys Warnung kritisierte, daß wir in naher Zukunft fähig sein würden, die Ergebnisse der menschlichen Zeugung genetisch zu kontrollieren; denn, so sagt der Rezensent, es ist unmöglich oder gefährlich zu entscheiden, welches der «beste» humane Typ sei. Eine überaus dumme Kritik [mit wahrscheinlich irgendeinem antikommunistischen Gefühl im Hintergrund], die die Tatsache unterschätzt, daß, wenn es dem Menschen wirklich gelingt, seine eigene Erbmasse zu kontrollieren, ihn keine Macht in der

Welt daran hindern wird, sein neues Vermögen zu gebrauchen. Ich erkenne an, daß Planung immer gefährlich ist. Darum geht es hier gar nicht. Es geht vielmehr um die Frage, ob der Mensch vermeiden kann, durch eben den Prozeß der kosmischen Evolution zum Planen gezwungen zu werden. Und die Antwort lautet: er *kann es nicht:* weil Planung die Essenz des Lebens ist.
Seit zwei Tagen liegt auf meinem Tisch *The Heart of the Matter:* ich werde es lesen, sobald ich kann. *La Porte étroite* ist ein gescheites, aber höchst unangenehmes Buch: diese Idee eines Wertes des Opfers und des Schmerzes um des Opfers und des Schmerzes selbst willen [während der Wert des Schmerzes einfach darin besteht, für irgendeine nützliche Eroberung zu zahlen!], ist eine gefährliche [und sehr «protestantische»] Perversion des «Sinnes für das Kreuz» [der wahre Sinn des Kreuzes ist: «zum Fortschritt durch Anstrengung»]. Ich bin überzeugt, Sie mögen diese Seite des Gideschen Genius nicht, der Ausdruck seiner ursprünglichen protestantischen Erziehung ist.

15 Rue Monsieur, Paris VII, 25. September 1948

Bisher noch keine Antwort aus Rom zum besten Zeitpunkt meiner Abreise. Wenn bis am nächsten Montag nichts kommt, werde ich für die ersten Oktobertage einen Platz reservieren lassen. Am letzten Dienstag, einem wunderschönen Tag, fuhr ich nach Versailles [ich wurde in letzter Minute beinahe durch einen Streik gestoppt]. Die Zuhörerschaft war interessant und *sympathisch:* einige dreihundert Priester aus ganz Frankreich, alle mit Arbeiterorganisationen betraut oder sogar mit den Arbeitern selbst arbeitend. Ich glaube, ich lag richtig; auf jeden Fall habe ich zu ihnen aus der Tiefe meines Herzens gesprochen; und ich weiß, ich bin verstanden worden. Gewiß zwei solche Stunden entschädigen für viele Wochen oder sogar Jahre des Schweigens. Inzwischen wird sowohl die soziale wie auch die politische Welt immer gespannter; und finanziell sehen die Leute trotz einer Produktionssteigerung recht schwarz für die Zukunft Frankreichs. Offensichtlich ist für unsere sich wandelnde Welt ein neuer Geist notwendig! Ihre Reaktion auf Gide hat mich wirklich interessiert: Das macht doch gerade die ganze Frage aus, über die wir diskutiert haben und wieder diskutieren werden: wie lange kann der Mensch [der durch eben den Prozeß der Entwicklung des Bewußtseins mit der erschreckenden Macht der Voraussicht begabt ist] noch weiter nur in der Gegenwart leben? Möglicherweise ist das der grundlegende Punkt, an dem sich die moderne Menschheit wird entscheiden müssen. Soweit Kafka in Frage steht, sehe ich ihn einfach als einen kranken Mann an, und seine Bewunderer sind Weichlinge, die von der nächsten menschlichen Welle fortgespült werden.

15 Rue Monsieur, 2. Oktober 1948

Ich reise heute abend ab, nach Rom. Einem eben erhaltenen Brief nach zu schließen, werde ich wahrscheinlich nicht vor dem 10. November in Paris zurück sein [der äußerste Termin für das Collège de France]: man möchte offensichtlich die Frage des Buches regeln und glaubt [aus irgendwelchen Gründen], dieser Prozeß würde einige Zeit brauchen [was ich persönlich für einen Irrtum halte: entweder man verlangt tiefgreifende Veränderungen, und die werde ich nicht annehmen; oder die Korrekturen werden geringfügig sein, und dann gehen die Dinge rasch voran]. Wir werden sehen. Wie ich Ihnen sagte, fahre ich lustlos, aber mit Entschiedenheit und «Überzeugung», weil ich «meine Seele befreien» *[délivrer mon âme]* muß. Das religiöse Unbefriedigtsein und die religiösen Hoffnungen sind in der Welt zu groß, gerade jetzt: etwas muß gesagt und getan werden. Mein Freund A. B. [der Prähistoriker] ist jetzt in Paris; doch wird er schon in Rom zurück sein, lange bevor ich Italien verlasse. Ich sah ihn gestern, und er gab mir eine Menge wichtiger Hinweise. Er ist der Meinung, heute wehe der Geist, selbst in Rom!

Borgo S. Spirito, 5 Rom, 10. Oktober 1948

Seit bald einer Woche bin ich hier, so daß ich jetzt schon recht gut in der Lage bin, einen sinnvollen Bericht über meine ersten Eindrücke in und von der «Ewigen Stadt» zu geben. Insgesamt sind sie gut; und [vielleicht sowohl wegen der Veränderung als auch der Entspannung] ich fühle mich physisch besser denn je seit dem Mai. Wenden wir uns einigen Details zu. Die Reise war einfach [und schön: sie kennen wohl die Abfahrt vom Simplon zum Lago Maggiore], weil mich trotz der unangenehm späten Ankunftszeit [Mitternacht] ein Freund auf dem Bahnsteig erwartete. Zurzeit wohne ich im Hauptquartier des Ordens [aber nicht im Flügel des Pater General] am Rande des Petersplatzes. Gerade hinter dem Haus geniesse ich einen außergewöhnlichen Ausblick über den ganzen Tiber und Rom, weit hinaus bis in die Albaner Berge etc. – soviel zur Landschaft. Obwohl ich sehr wenig Leute hier kannte [keine *wirklichen* Freunde], wurde ich sehr freundlich willkommen geheißen; und ich muß sagen, der Große Häuptling [ich hatte bisher erst eine Unterhaltung mit ihm, vorgestern: er ist natürlich sehr beschäftigt] – ich muß sagen, der Große Häuptling ist ganz besonders liebenswürdig: ich glaube nicht, daß er und ich die Welt in genau derselben Weise sehen. Doch er ist geistig äußerst offen, freiherzig, und er wünscht, daß man offenherzig zu ihm spricht. So ist die allgemeine Atmosphäre entschieden gut. Doch alles braucht hier Zeit. Zunächst habe ich auf die letzten Kritiken an meinem Manuskript zu warten [sie werden für die kommende Woche erwartet, hoffe ich]. Und dann werden wir sehen. Selbst wenn ich es aufgebe, mein Buch zu korrigieren [weil ich zuviel an meinem Text zu ändern hätte], bin ich ziemlich sicher, daß das Klima am Ende meines Besuches genügend geklärt und sonnig ist, um mir einen ernsthaften Zuwachs an Freiheit sowohl im Schreiben als auch im Sprechen zu garantieren. Inzwischen schreibe ich eine versuchsweise Zusammenfassung [oder ein «Nachwort»] zu meinem Buch, die sich nützlich erweisen mag, Mißverständnisse auszuräumen und zugleich meinen [seit zehn Jahren schärfer umrissenen] Standpunkt in seiner «*up-to-date*»-Gestalt auszudrücken. Einer der Hauptgründe dafür, daß ich nach Rom gerufen wurde, ist, das kann ich jetzt ganz klar sehen, daß ich Leuten [Offiziellen und Professoren] begegnen soll, um sie *de visu* zu überzeugen, daß ich ein ganz anständiger und umgänglicher Mensch bin. Sehr weit im Kennenlernen von Leuten [außerhalb meines Ordens] habe ich es bisher noch nicht gebracht. Doch wird sich die Kontaktrate wahrscheinlich nach und nach geometrisch beschleunigen. Gerade jetzt genieße ich es, Ruhe zu haben und kurz vor Sonnenuntergang geruhsame Spaziergänge in die Stadt zu machen. Gestern ging ich in Gedanken zu den dunklen Schatten des Pincio. Künstlerisch versetzt Rom mir absolut keinen Schock [ich fühle mich der Vergangenheit gegenüber eigenartig immun]. Doch verläuft hier gewiß eine der machtvollsten geistigen Achsen der Welt. Wenn sie nur in Bewegung gesetzt werden könnte! Ich werde Sie zu gegebener Zeit wissen lassen, wie die Entwicklung weitergeht. Aber wahrscheinlich wird vor Ablauf von vierzehn Tagen keine Entscheidung in irgendeiner Richtung erreicht werden.

P.S. Ich habe *The Heart of the Matter* von Graham Greene gelesen. Eine Studie der Verzweiflung. Warum niemals eine Studie der Hoffnung? Auf jeden Fall sehr intelligent. Wir werden den Fall diskutieren. Nebenbei, der Graham Greene-Titel würde wundervoll [wenn auch mit einem ganz anderen Sinn] zu einem Essay passen, das ich seit einiger Zeit unter einem Namen zu schreiben träume, der sich meinem Geist nur auf englisch zeigt [unübersetzbar ins Französische]: «The Golden Glow» [womit das Erscheinen Gottes aus dem und in dem «Herzen der Materie» gemeint ist]. Ich werde Ihnen das erklären.

Borgo S. Spirito, 5 Rom, 19. Oktober 1948

Seit meinem letzten Brief nichts eigentlich Neues, außer daß ich [vor zwei Tagen] die erste der beiden Kritiken [«Revisionen»] meines Buches erhalten habe, die ich erwartete [die gefährlichere der beiden, nehme ich an]. Nun, nach einem ersten Lesen dieser zehn langen Seiten fühlte ich mich ziemlich entmutigt durch eine ganz entschiedene «Unfähigkeit», den Menschen und die Welt zu sehen, die im Geist meines Zensors allzu offensichtlich war. Doch nach einer Weile sammelte ich meine Kräfte; und mit Hilfe einiger recht geschickter Verbesserungen und Anmerkungen hoffe ich, daß mein ursprünglicher Text jetzt *ohne* irgendeine Entstellung meiner Gedanken druckbarer oder sogar klarer und interessanter aussieht als vorher. Es würde mich wundern, wenn ich aufgrund der zweiten Kritikserie noch viele weitere Änderungen zu machen hätte. Und dann wird die Zeit

für endgültige Entscheidungen reif sein [Collège de France etc.]. Bisher nichts Neues in dieser Richtung.
Bis dahin bleibt mein Tagesprogramm dasselbe: morgens arbeiten und ein Spaziergang während der letzten beiden Stunden vor Sonnenuntergang. Bisher habe ich noch nicht viele wichtige Kleriker gesehen [mit wenigen Ausnahmen] doch auf dieser Linie mache ich keinen Schritt, ohne durch den Mann [einen Freund] vorgestellt zu werden, der mich im Auftrag des P. Generals berät. Insgesamt vergehen die Tage recht rasch; und ich kann leicht voraussehen, daß sie in Kürze immer mehr ausgefüllt werden.
Physisch fühle ich mich gut; und intellektuell sehr lebendig: die Dinge erscheinen mir auf denselben Entwicklungslinien immer einfacher und klarer.

15 Rue Monsieur, Paris VII, 27. Dezember 1948

Noch nichts aus Rom... Ich werde morgen meinem Freund, der Nr. 2, schreiben, um nach einer Antwort zu fragen. Bis dahin bin ich ausreichend beschäftigt: zwei Vorträge in Vorbereitung [für Januar] und die «Rezension» eines Buches über «Tierwerkzeuge», das mir Gelegenheit gibt, einige meiner Lieblingsvorstellungen über die Entwicklung und Natur des Lebens zu präzisieren und darzulegen. Ich habe das Gefühl, daß meine *Weltanschauung* [welchen Wert sie auch immer haben mag] rasch eine endgültigere Gestalt gewinnt; und jeden Tag sehe ich noch klarer, daß das große Ereignis unserer Zeit [vergleichbar mit, aber weit wichtiger als Galileis Entdeckung, daß die Erde sich bewegt] darin besteht, daß wir uns der Bewegung der Menschheit insgesamt in Richtung wachsender Anordnung und wachsenden Bewußtseins bewußt werden. Ich erfahre fast täglich die Macht einer solchen einfachen *Feststellung* auf den

Geist der Leute um mich herum; und diese Erfahrung freut mich.

2. Januar 1949

Nichts aus Rom! Ich habe ein paar freundliche Zeilen mit der Bitte um eine rasche Antwort geschrieben. In der Zwischenzeit wurde in einer fundamentalistischen Monatsschrift Frankreichs ein recht ekliger und dummer Artikel gegen mich [neben einem genau so schlechten über Maritain] veröffentlicht. Die Zeitung *[La Revue en question]* ist notorisch reaktionär, so daß ich annehme, dieser Angriff [zumindest der dritte im Laufe von zwei Jahren – sie sollten mich dafür bezahlen, daß ich ihnen Stoff zum Schreiben liefere!] wirkt eher als eine Reklame. Doch wir haben mit d'O. beschlossen, bei dieser Gelegenheit Rom darauf aufmerksam zu machen, der beste Weg, solche Kritik zu bremsen, wäre, mein Buch herauszulassen: so würde den Widersachern keine Entschuldigung mehr bleiben, wenn sie mich falsch verstehen. Wir werden sehen. Natürlich verstehe ich den Fundamentalistenzorn sehr wohl. Gerade jetzt sind wir wieder einmal genau in einer Galileischen Position, auch wenn heute die Diskussion nicht mehr um die physische Bewegung der Erde, sondern um die geistige Bewegung des Menschen geht. Und in eine solche Sache hineingezogen zu sein, ist gewiß der größte Spaß meines Lebens.
Am letzten Donnerstag ging ich zu einem sehr feinen Essen... in einem der hübschesten Hotels des Boulevard St. Germain. Bidault und seine hochintelligente Frau waren anwesend. Ich hatte eine gute Gelegenheit, und ich verpaßte sie nicht, einige kräftige Worte über die gegenwärtige Lage in der Religion zu sagen.
Breuil schrieb mir aus Johannesburg. Er gedenkt immer noch, im Frühjahr wieder in Paris zu sein, doch ist er sich

nicht allzu klar darüber, ob er wieder [endgültig?] nach Südafrika zurückkehrt.

15, Rue Monsieur, Paris VII, 10. Januar 1949

Wie ich Ihnen schrieb, war die Woche für mich recht ausgefüllt. Zunächst [das stand nicht auf dem Programm] erhielt ich einen restlos uninteressanten Brief aus Rom, der [offensichtlich um nett zu sein] vom General selbst geschrieben war, der aber keine der ausstehenden Fragen erwähnte [ich erwarte täglich eine Antwort zu diesem Thema von meinem Freund, der Nr. 2]. Der General wünschte lediglich einige Erklärungen zu meiner Ansprache bei dem Treffen der Priester, die mit der Arbeiterjugend betraut sind [im letzten September in Versailles]. Ein recht plumper Bericht über diesen Vortrag war im Dezember von dem erzklerikalen *Osservatore Romano* veröffentlicht worden, und einige wichtige Leute [der Papst??] begannen, verwirrt zu sein... Ich schickte eine sehr respektvolle, aber etwas kurz angebundene Antwort zurück, wobei ich nebenbei darauf hinwies, daß alles, was ich denke, sich in einem gewissen, jetzt in Rom befindlichen Manuskript finde, und der kürzeste Weg, jeglichen Fehlinterpretationen meiner Weltanschauung zuvorzukommen, die Veröffentlichung meines Buches sein könnte. Nun, ich habe nicht die geringste Absicht, grob zu sein und die Dinge zwischen mir und meinem Orden noch mehr zu belasten. Doch seit meiner Rückkehr aus China kann ich deutlich bemerken, daß ich in einigen entscheidenden Positionen immer kürzer angebunden und härter werde: und das kann sich nicht mehr ändern. Gestern hatte ich wieder recht deutlich dieses Gefühl, als wir bei L. [vor einer Gruppe von Priester-Wissenschaftlern] das diskutierten, was ich «den neuen Fall Galilei» nenne, das heißt die

Frage, ob die Menschheit sich noch vorwärts bewege [nicht im Raum, sondern im Bewußtsein]. Bei der Gelegenheit, so bekenne ich, gelangte ich an die Grenzen eines akademischen Wohlverhaltens...

In der kommenden Woche werde ich einen halbprivaten Vortrag für *Psyché* über *die psychologischen Bedingungen der menschlichen Einswerdung* halten.

15, Rue Monsieur, Paris VII, 18. Januar 1949

Noch immer kein Wort von F. de Gorostarzu! Da er gewiß ein guter Freund und mir gegenüber sehr offen ist, habe ich guten Grund anzunehmen, daß er, bevor er mir antwortet, noch auf etwas wartet, was er jeden Tag zu erhalten hofft. Auf jeden Fall bin ich, falls nichts kommt, entschlossen, vor Ende der Woche noch einmal zu schreiben.

Die letzte Woche verlief ziemlich ruhig. Ich hielt für *Psyché* einen Vortrag vor einem ziemlich breiten, aber höchst seltsamen Publikum. Außer einer annehmbaren Zahl persönlicher Freunde *jeder Farbe* hatte ich zu einer Gruppe berufsmäßiger Psychoanalytiker zu sprechen, die, nach ihren Bemerkungen zu urteilen, ziemlich engstirnige oder wirrköpfige Leute zu sein scheinen. Glücklicherweise verlief alles gut. Nach dem Treffen sind wir – einige zehn von uns – in das nahegelegene *Café de Flore* gegangen, wo wir fröhlich zusammen getrunken haben. Eine ausführliche Zusammenfassung des Vortrages wird in *Psyché* gedruckt. Und gerade jetzt arbeite ich an einem anderen Vortrag über «die Existenzangst», der am 29. Januar vor den Leuten des Musée Guimet [Kongreß für Glaubensvereinigung] gehalten werden soll.

Mehr geselliger Art waren ein Essen mit der *Duchesse de la R.* und ein Dinner mit Siegfried [dem Volkswirtschaftler] und Professor Leriche [einem berühmten Chirurgen], die beide auf dem Heimweg von Südafrika oder Amerika waren. Interessante Gespräche; doch war ich von der Tatsache betroffen, daß offensichtlich weder Siegfried noch Leriche die Tatsache berücksichtigten, daß kein menschliches Problem [und insbesondere das Problem der farbigen Völker] richtig angepackt werden könne, bevor nicht einige grundlegende Ansichten über die Struktur und den biologischen Trend der Menschheit angenommen sind. Es mag ganz entschieden von einigem allgemeinem Interesse sein, daß ich die berühmten «sechs Vorlesungen» halte und veröffentliche...

Morgen werde ich den neuen Direktor der UNESCO, Torres..., den Mexikaner, treffen, ein ganz intelligenter und wirkungsvoller Mann, wie mir gesagt wurde, aber mit diplomatischem Schliff. Seine erste Ansprache in Beirut war ziemlich oder sogar bemerkenswert gut; von der Tatsache abgesehen, daß auch er sich allzusehr auf negative Bedingungen und nicht genug auf einen gemeinsamen Glauben zu verlassen scheint, um eine friedliche Welt aufzubauen.

25. Januar 1949

... noch nichts aus Rom!! Wie ich Ihnen bereits sagte, besteht dort mir gegenüber ganz gewiß kein böser Wille. Aber was dann? Ich habe mich bisher zurückgehalten, ein zweites Mal an Gorostarzu zu schreiben. Doch werde ich es gewiß vor Ende der Woche tun. Selbst wenn alles zum besten liefe, sehe ich keine Möglichkeit, jetzt in diesem Frühjahr nach New York zu kommen. Auf jeden Fall unternehme ich erste Schritte, um die Vorlesungen vor Ostern hier an der Sorbonne auszuprobieren. Kein besserer Weg, um sie für Amerika ganz fertig zu haben. ...

Die letzte Woche war recht interessant und ausgefüllt. Zuerst schrieb ich den Vortrag über *die Existenzangst* [der wirkliche Ausdruck, den ich benutze, ist: Die *existentielle* Angst] nieder, den ich am nächsten Samstag in einem privaten Salon an der *Place des Vosges* halten soll. Ich will versuchen, den Text irgendwo zu drucken und zu veröffentlichen. Außerdem traf ich eine ganze Reihe von Leuten, darunter den neuen Generaldirektor der UNESCO [Torres-Bodet, einen Mexikaner], der sehr nett war; und einen eigenartigen jungen belgischen Rechtsanwalt und Arzt, einen entschiedenen, aber kühnen Katholiken, der [in einem sehr mutigen kleinen Buch] eine Kampagne gegen die enge und pervertierte Behandlung der Sexfragen in katholischen Kreisen begonnen hat. ... Offensichtlich bewegt sich trotz aller Art von Schranken der Strom überall. Dies ist einer der Gründe für die Annahme, daß ich niemals wirklich einen Maulkorb bekommen werde. Um den Trappistenmönch tut es mir leid...: doch es wird mit jedem Tag offensichtlicher, daß in Zukunft keine Religion den Menschen befriedigen wird, wenn sie nicht den Glauben an den Himmel *und* an die Erde beide miteinander verbindet. Mit anderen Worten, keine Kraft kann den Menschen zu Gott hinziehen, außer sie drängt, und zwar mit demselben Antrieb, den Menschen bis zu den letzten Grenzen dessen, was er zu entdecken, zu erfahren und zu erobern vermag. Ich sehe manchmal mit Überraschung, wie sehr diese Überzeugung die Seele meines Lebens geworden ist. ...

15, Rue Monsieur, Paris VII, 1. Februar 1949

Noch immer nichts aus Rom. D'O. hat vor einigen zehn Tagen an den Häuptling geschrieben [wobei er auf den Druck meines Buches drängt]; und ich habe selbst an Gorostarzu ein Wort geschickt mit der Bitte um eine Erklärung. In meiner Verzweiflung, wenn ich so sagen darf, habe ich die Sorbonne um Erlaubnis gebeten und die Erlaubnis erhalten, im März eine Reihe von fünf Vorlesungen *[cours libre]* über die Struktur und die evolutiven Trends der menschlichen Gruppe zu halten; eine ausgezeichnete Probe, so nehme ich an, für das, was ich eines Tages in Amerika sagen darf. Ich konnte nicht mehr länger warten, soweit die *Sorbonne* in Frage steht.

Am letzten Samstag hielt ich [in einem schönen privaten Wohnraum an der Place des Vosges] meinen Vortrag über *Die existentielle Angst* vor einer ziemlich großen Versammlung vornehmer, aber ziemlich verschiedenartiger Leute: und die Zuhörerschaft war deutlich stärker bewegt, als ich erwartet hatte. Offensichtlich spricht meine sehr einfache und aphilosophische, fast experimentelle *Weltanschauung* von einem «konvergierenden Universum» den modernen Geist in starkem Maße an. Ich mußte natürlich wieder einmal meinen Glauben an die Tatsache betonen, daß die Welt ein Fehlschlag wäre, wenn alles «Unmitteilbare» und «Personalistische» in ihr verschwinden würde; was bedeutet, daß entsprechend der kosmischen Struktur jedes lebende Zentrum und jede liebende Vereinigung liebender Zentren *irreversibel,* d.h. «unsterblich», ist, soweit die in ihnen enthaltene Liebe in Frage steht. Unter diesem Gesichtspunkt gesehen ist Liebe, biologisch und physisch, das Prinzip und das Maß der Unsterblichkeit. Ich glaube, ich werde darüber im nächsten Frühjahr etwas schreiben [«Das Herz der Materie», wie Sie wissen]. Ich habe den eigentümlichen Eindruck, niemals in meinem Leib so «gebrechlich» [und doch fühle ich mich sehr gut] und zugleich in meinem Geist so «stark» gewesen zu sein wie seit dieser Gesundheitsgeschichte vor zwei Jahren. Ich sage Ihnen: wir

müssen uns auf das Leben und auf das, was hinter dem Leben ist, verlassen. Die größte und wirksamste Form des geistigen Lebens ist *das Vertrauen* – das nichts anderes als eine andere Seite der Liebe ist.
Ich hoffe, I. wird mich entschuldigen, daß ich ihr so lange Zeit nicht geschrieben habe, und doch nehme ich es mir jeden Tag vor. Mit meinen unterbrochenen Vormittagen und einer ganzen Reihe Dinge, die vorzubereiten sind [ich habe meine letzten beiden Vorlesungen ganz neu geschrieben, natürlich, ohne meinen Text für den Vortrag zu benutzen], ist meine Zeit restlos ausgefüllt. Ich bin gerade jetzt dabei, ein paar Seiten als Antwort auf eine *Umfrage* der UNESCO über die Bedeutung von «Demokratie» zu beenden. Die Fragen waren in einer recht politischen und juridischen Weise gestellt; und ich versuche, die biologische und anthropologische Seite der Sache aufzudecken.

15, Rue Monsieur, Paris VII, 8. Februar 1949

Ich habe Ihnen zu berichten, daß ich endlich einen Brief aus Rom erhalten habe und daß [wie zu erwarten war] der Brief nicht gut ist: keine Vorlesungen in Amerika [die Oberen in Amerika haben Einwände gegen den Plan erhoben, der, so fürchte ich, ihnen in einer «unpolitischen» Weise vorgeschlagen worden war, wobei die begrenzte Zahl und das hauptsächlich technische Thema der Vorlesungen nicht genügend betont wurden; doch was kann ich tun]; keine Druckerlaubnis für *Le Milieu Divin* [es wurde von einem römischen Zensor ziemlich bösartig mißhandelt, obwohl es 1930 von den Theologen in Löwen einmütig angenommen worden war und seit zwanzig Jahren von einer Menge Priester und religiöser Menschen jeglicher Färbung extensiv gelesen und benutzt wurde]; der Schatten einer Chance besteht noch für das *Phénomène Humain* [das weiter geprüft wird], doch ist nicht viel Hoffnung geblieben. Und *schließlich* werde ich einmal mehr aufgefordert, mich an rein wissenschaftliche Themen zu halten, was natürlich psychologisch unmöglich ist.

Nun, auf den ersten Blick scheint das ein hübsches Schlamassel zu sein. Doch in Wirklichkeit, glaube ich, werden die Dinge in der nächsten Zukunft genauso weitergehen. P. d'O. sieht keinen Grund, weshalb ich meine Sorbonne-Vorlesungen aufgeben sollte. Und ich werde weiterhin zu kleinen Gruppen von Leuten sprechen und wie vorher für einen kleinen Kreis schreiben. Die Erfahrung zeigt, daß dieses Vorgehen äußerst wirkungsvoll ist. Und später wird Gott vorsorgen, und wir werden sehen. Um ehrlich zu sein, der schwächste Punkt der Situation gerade jetzt ist, daß ich kaum für ein paar Monate verschwinden könnte, wie ich es früher mit China zu tun pflegte. Die beste Zuflucht wäre Amerika – aber wann und wozu? Ich habe an P. L. um eine eventuelle Unterkunft geschrieben. Und ich werde auch Fejos schreiben, um ihm die derzeitige Situation zu erklären. Möglicherweise hat er irgendwelche Vorschläge für eine rein wissenschaftliche Arbeit. *Beim gegenwärtigen Stand der Dinge* den Orden zu verlassen, wäre selbstmörderisch, soweit der Erfolg meines «Evangeliums» in Frage steht. Abgesehen von der schlechten Wirkung der Geste auf meine «Anhänger», vergessen Sie bitte nicht, daß meine ganze geistige Konstruktion ursprünglich auf einer ausgeweiteten und «verjüngten» Gestalt Christi aufgebaut ist [oder genauer, in ihr kulminiert]: so ist mir der Weg einer Trennung von der «Kirche» versperrt, die, biologisch gesprochen, das «Phylum» Christi ist. Das einzige, was ich tun kann, ist *«von innen her»* zu arbeiten. Versuchen Sie, das zu verstehen. Und vergessen Sie ebensowenig, daß die Dinge manchmal in höchst seltsamer und unerwarteter Weise wirken. Außer der wirklichen «Reklame», die die gegenwärtigen Schwierigkeiten für meine Ideen bedeuten, ist da weiter die Tatsache, daß der Konflikt mir nicht unwesentlich hilft, das Problem und seine mögliche Lösung immer besser auszuleuchten. Der General ist aus politischen Gründen ziemlich engherzig und streng; doch er hat zu jemandem gesagt, daß ich möglicherweise eine Art «Vorläufer» sei, was [ob es stimmt oder nicht stimmt] beweist, daß er nicht vollständig blind ist, soweit der Wert meines geistigen Standortes in Frage steht. Mit anderen Worten, das Beste scheint, zumindest gegenwärtig, für mich zu sein, die «Maultier»-Taktik zu übernehmen; einfach stur und sanft sein...

Eines habe ich Ihnen noch nicht berichtet, daß nämlich die Versteifung des Generals teilweise auf den unglücklichen [und lächerlichen] *Bericht* zurückzuführen ist, der im *Osservatore Romano* über meinen in Versailles im September gehaltenen Vortrag veröffentlicht wurde. Würden Sie glauben, daß ich in diesem *Bericht* unter die «hervorragenden Theologen» gezählt wurde? In Rom klangen diese Worte wie eine Herausforderung, und eine Notiz berichtigte in der letzten Woche, ich sei *kein* verläßlicher Theologe. Wir haben hier in Paris herzlich gelacht. Doch in Rom nahmen sie die Sache ernst. Deshalb der Verlust eines guten Teils dessen, was ich im Oktober an gutem Ruf gewonnen hatte.

Doch schon allzuviel über diese nebensächlichen Dinge. Bitte glauben Sie mir: das Christentum ist etwas viel Größeres als diese *Kleinkariertheiten*. Wie ich Ihnen schon in meinem letzten Brief sagte, ist die Zeit gekommen, sich zwischen einer statischen oder einer sich bewegenden Menschheit zu entscheiden und zu wählen. Ich werde auf mein Leben stolz sein, wenn ich es bis zur letzten Minute als einen Beweis meines Glaubens und meines Vertrauens in eine konvergierende Bewegung des Universums benutzen kann.

15, Rue Monsieur, Paris VII, 14. Februar 1949

Die Nachrichten aus Rom hatten mich am Freitag, den 4., erreicht; und da sie nicht gut waren, hatte ich keine Eile, sie an Sie weiterzugeben, bevor ich etwas über die Lage nachdenken konnte. Auf jeden Fall werden Sie jetzt meine Zeilen haben und wissen, daß ich mich nicht besonders deprimiert fühle. Ich werde an Fejos nicht schreiben, bevor Sie mir sagen, was Sie von den Möglichkeiten in dieser Richtung halten. Auf jeden Fall werde ich ihn über die gegenwärtige Situation informieren. Möglicherweise werden schließlich, wenn ich die Sorbonne-Vorlesungen gehalten habe, die Vorurteile doch schwinden und die Möglichkeit wiederauftauchen, in Amerika zu sprechen. ... Sonst nichts aus Rom. Vor Ablauf eines Monats erwarte ich das endgültige «Verdikt» über *Le Phénomène Humain* [natürlich ohne jede Hoffnung]. Aus einem Brief von Gorostarzu [dem ich eine freundliche, aber offene Antwort geschickt habe] wird deutlich, daß die an die klerikale Presse gesandte Notiz [um den über mich veröffentlichten Artikel im Osservatore Romano «zu korrigieren»] vom Papst selbst befohlen war! Jetzt verstehe ich, weshalb Seine Heiligkeit, ebenfalls im Januar, zu Mme. de M. sagte, ich hätte mehr Vorstellungskraft als theologisches Wissen. Die ganze Sache hat doch einen sehr lustigen Aspekt. Das Ergebnis [zumindest in Frankreich] war, die Sympathie für die von mir vertretene Sache zu vermehren. Doch es bleibt, daß Rom in einer instinktiven Geste der Selbsterhaltung sich gerade jetzt gegen jegliche Art von wirklich fortschrittlichem Denken versteift [was natürlich, soweit ich es zu sehen vermag, genau der Weg ist, um die Gefahr zu vermehren]. ... Und glauben Sie mir: Zwischen meiner Weise zu denken und der wirklich «orthodoxen» [ich sage nicht der «offiziellen», sondern der «praktischen»] christlichen Schau der Welt liegt kein so großer Abgrund, wie Sie meinen. Der Beweis dafür ist, wie die Besten unter den Katholiken nach meinen armseligen Essays greifen. Wie ich vor einigen Tagen an einen Oberen, einen guten Freund, schrieb, weiß ich nicht, ob mein Brot gut gebacken ist: auf jeden Fall ist die Art, wie die Leute es essen, ein pathetischer Beweis dafür, wie sehr sie nach einer Nahrung hungern, in der die Liebe zu Gott die Liebe zur Welt nicht ausschließt, sondern einschließt. So ist das.

Nun, die Woche verlief wie gewöhnlich. Ich bin mit der letzten Vorbereitung meiner Vorlesungen beschäftigt [diesmal nur fünf – beginnend am Freitag, den 25. Februar]. Vorgestern hatte ich in Professor Rivets Wohnung [ganz oben im linken Flügel des Palais Chaillot, Trocadero] eine recht interessante Begegnung mit Garry Davis und etwa fünfzehn einflußreichen Leuten, vom *Rektor der Sorbonne* und *drei Professoren am Collège de France* bis hin zu einigen Vertretern der großen Geschäftswelt. Garry Davis wurde von meinen Freunden der *Front Humain* sorgfältig betreut, er war ruhig, bescheiden und durchaus sympathisch: der richtige gute amerikanische Junge. Mit Überraschung sah ich, wie unter dem politischen Wirrwarr Schritt um Schritt die Bewegung in Richtung eines internationalen Bewußtseins beständig wächst. Natürlich bin ich nicht unbedingt von der Wirksamkeit der vielen Tricks überzeugt, die von den *Anhängern einer Weltregierung* angewendet werden, um die öffentliche Meinung zu wecken. Doch das Endergebnis [nämlich die Entwicklung einer Art geistigen Mediums, in das viele verschiedene Tendenzen notwendig zu einer allgemeinen Trift in Richtung eines konstruktiven Friedens und menschlichen Fühlens konvergieren], dieses Endergebnis, so sage ich, beginnt sichtbar zu werden und ist jeder Mühe wert.

15, Rue Monsieur, Paris VII, 22. Februar 1949

Wir [Sie und ich] können nichts anderes tun, als geduldig und liebend dem Faden zu folgen – wo immer er uns hinführt. Ich bin immer mehr davon überzeugt, daß *Treue* zum Leben die einzige und höchste Form der *Heiligkeit* ist.

Das bedeutet natürlich nicht, daß das Leben immer vollkommen klar sagt, was wir zu tun haben. Und genau das ist jetzt bei mir der Fall. Auf der einen Seite sehe ich bisher keinen annehmbaren Grund, um einen Aufenthalt in Amerika zu rechtfertigen. Auf der anderen Seite weiß ich nicht, wie ich diesen langen Aufenthalt in Paris ohne jede bestimmte Arbeit rechtfertigen soll... Ich fühle verschwommen, daß ich vielleicht etwas *tun* sollte – aber was? Worauf Sie mir wahrscheinlich antworten, daß ich, bis sich eine Gelegenheit bietet, genug zu tun habe mit dem täglichen Geschäft, Leute zu treffen, und der Hauptarbeit, das, was immer noch in meinem Kopf ist, niederzuschreiben. Und das ist wahrscheinlich wahr... Doch ich hätte gerne, es ereignete sich etwas, um mir den weiteren Weg zu zeigen. Bis dahin bin ich reichlich damit beschäftigt, meine Vorlesungen vorzubereiten. Die erste [die am nächsten Freitag, den 25., gehalten werden soll] ist praktisch fertig; und die zweite [für den folgenden Freitag] ist weit vorangeschritten. Ich schätze diese Arbeit, die mich zwingt, meine Ideen in vielen Punkten schärfer zu fassen.

Im übrigen vergehen die Tage immer gleich. Am Sonntag ging ich zu einer Cocktailparty... ein gewisser G. war dort, der behauptete, er habe bei einem am Niger lebenden Negerstamm Reichtümer an Weisheit [gut vergraben, muß ich

sagen!] gefunden; wir haben lange miteinander diskutiert, eine Erholung von allzu vielen hochfeierlichen Leuten, ehemaligen Botschaftern und *Académiciens*[1].
Aus Rom nichts weiteres; außer daß ich durch private, aber besonders zuverlässige Berichte erfuhr, die letzte Geschichte mit dem Osservatore Romano sei weitgehend der Tatsache zu verdanken gewesen, daß einige Leute, die durch meine günstige Aufnahme im letzten Oktober in Rom etwas *alarmiert* worden waren und diese Gelegenheit wahrnahmen, um mich zu versenken, bevor meine Position allzu stark würde. Ich habe bisher die endgültige Entscheidung über das *Phénomène Humain* noch nicht erhalten. Doch wissen Sie, daß ich keine Hoffnung mehr habe. Es ist besser, wie Sie sagen, an etwas anderes und noch Besseres zu denken.

15, Rue Monsieur, Paris VII, 1. März 1949

Das bemerkenswerteste Ereignis in dieser Woche war zweifellos, daß ich am letzten Freitag an der Sorbonne meine Vorlesung Nr. 1 hielt. Wie ich Ihnen noch sagen werde, war ich gar nicht in einer natürlich guten Verfassung [eine leichte Grippe ...]. Doch liefen die Dinge ganz gut; und das Volk [ein ziemlich gut besetzter Hörsaal von geringer Größe] schien ziemlich befriedigt. Jetzt weiter zu Nr. 2. Doch die Grippe [oder was immer es ist] sitzt mir noch unangenehm in den Knochen. Kein Fieber, aber ein leichter Husten – und dieses jedermann vertraute schreckliche Gefühl, sich in einer geschmacklosen Welt zu befinden. *Der Ekel,* wie Herr Sartre sagt, aber nicht metaphysischen Ursprungs. ... Ich hoffe, in drei Tagen werde ich mehr Begeisterung für die Entwicklung des Lebens von seinen Anfän-

[1] Mitglieder der Académie Française

gen bis zu den höheren Primaten spüren. Bis dahin ist, so glaube ich, mein Vortrag genügend ausgearbeitet, um die Begeisterung weniger notwendig zu machen. Doch ersetzt nichts den Funken, wenn man sich an ein gutes Publikum wendet.
Sonst nichts Neues. Ich möchte, die Gegenwart Gottes und der Sinn für Gott wären etwas wirksamer in ihrer Gegenaktion gegen die deprimierenden Auswirkungen einer Erkältung. Doch letzten Endes ist vielleicht genau dies der eigentliche Kern der menschlichen Situation [ich meine «die Abhängigkeit der Seele vom Leib»], der man sich zu stellen hat, die man anzunehmen hat und der man treu bis zum Ende folgen muß.

Paris, April 1949

Praktisch geht jetzt mein Aufenthalt im Krankenhaus zu Ende; und ich hoffe, vor Ostern werde ich ein weiteres Mal in St-Germain-en-Laye sein. Allerdings fühle ich keine allzu große Begeisterung für dieses Exil außerhalb von Paris. Doch kann ich es nicht vermeiden. Ich muß mich physisch in guter «Luft» und mit richtigem Essen erholen. Die Schwestern werden dafür sorgen. Wenn ich dieselbe Art von Reaktion wie vor zwei Jahren [eine Art eigenartiger Euphorie und geistiger Freiheit] während meiner Rekonvaleszenz erfahren sollte, wäre das ganz in Ordnung. Es gibt eine Menge Ideen, die ich niederschreiben möchte: eine tiefere Sicht derselben Dinge. ...
Der letzte Monat erscheint mir in vieler Hinsicht als eine vollkommene Leere. Und die Zukunft auch. ... Auf jeden Fall fühle ich aber, daß ich mich immer mehr auf einen immer größeren und liebenden Gott konzentrieren muß. Sie wissen, dieser Schock ist nach dem vor zwei Jahren so etwas wie eine Warnung.

Paris, 13. April 1949

Ich schreibe noch aus dem Krankenhaus; nicht weil es mir nicht besser geht, sondern weil in St-Germain vor den ersten Tagen nach Ostern kein Platz für mich ist. Um so besser in gewisser Weise: denn nach diesen zusätzlichen Tagen in der Rue Oudinot werde ich mich gewiß kräftiger fühlen und besser in der Lage sein, von hier nach St-Germain umzuziehen. Um ehrlich zu sein, diese letzte Woche im Krankenhauszimmer ist nicht besonders lustig. Doch beginne ich, ein wenig eher zu schreiben; ich lese eher ernste Bücher; und ich fange auch an, in den Garten zu gehen, unter bereits grünen Kastanien. Wie ich Ihnen in meinem letzten Brief sagte, erscheint mir die Zukunft noch ziemlich als eine ungewisse «Leere». ... Doch Gott und die Zeit werden für Besserung sorgen. Inzwischen habe ich während der letzten Monate eine ganze Reihe neuer-alter Ideen gesammelt und überarbeitet, die mich in diesem Sommer bei Tätigkeit und am Leben halten werden. Wenn ich mich nur innerlich ruhiger fühlen könnte [weniger physische «Angst»]! Offensichtlich ist das beste Mittel dagegen, es «leicht zu nehmen» und zu versuchen, die Angst in ein überwältigendes Gefühl der Hoffnung und aktiven Entspannung in Gott umzuwandeln – was letzten Endes die logische Klimax und der Kern meiner ganzen *Weltanschauung* und Philosophie ist.

Gestern las ich ein eigenartiges kleines Buch von meinem Freund Julian Huxley über «A Religion without Revelation» [eine Religion ohne Offenbarung], sehr ehrlich und nach meiner Meinung halb wahr, aber nur halb. Offensichtlich muß der Begriff der Offenbarung sorgfältig geklärt werden. Doch Huxleys Vorstellung, daß der Mensch seine innere Organisation ohne eine Art kosmischer Liebe vollenden könne, scheint mir biologisch und psychologisch unmöglich und *ruinös*. Der Mensch kann sich nur auflehnen oder auflösen, er sei denn in einer «liebenden Welt» – die zu entdecken ist: das ist die große und schöne Aufgabe.

15, Rue Monsieur, Paris VII, 20. April 1949

Tatsächlich, ich bin immer noch in der Rue Oudinot, die ich wahrscheinlich morgen oder übermorgen in Richtung St-Germain verlassen werde, sobald ich den Wagen eines Freundes bekommen kann. In der Zwischenzeit hatten wir seit einer Woche [heute nicht: grauer Himmel, aber nicht kalt] ein wunderbares Wetter. So schön, daß ich die meiste Zeit im Garten verbrachte oder sogar in der Rue Monsieur, wohin ich an mehreren Nachmittagen ging, um meine verschiedenen Besitztümer, vor allen Dingen Papiere, auszusortieren. Ich kann jetzt noch nicht genau voraussehen, wie mein Leben verlaufen wird und welchen *Vitalitätsgrad* ich erreiche, wenn ich in St-Germain bin. Aber gewiß werde ich reichlich zu tun haben, um mich angenehm zu beschäftigen. Als erstes möchte ich einen «druckbaren» Artikel [für die *Revue des Questions Scientifiques*] schreiben, dessen Plan sich im Laufe der vergangenen Wochen in meinem Geist entwickelt hat und zur Reife gelangt ist; nämlich jedermann zu zeigen, wie wir wieder in derselben Position wie die Menschen des 16. Jahrhunderts sind, daß wir aber einem noch revolutionäreren Problem gegenüberstehen: nicht nur zu entscheiden, ob die Erde sich im Raume dreht, sondern ob die Menschheit *biologisch* aus sich selbst nach vorn triftet. Ich habe Ihnen gegenüber das Thema bereits erwähnt. Doch jetzt hat die ganze Sache in meinem Geist in, wie ich glaube, immer lebendigerer und überzeugenderer Weise Gestalt, Struktur und Leben gewonnen. Wirklich, ich kann nicht mehr verstehen, wieso Leute nicht deutlicher die ersten Bekundungen eines gewaltigen wirtschaftlich-wis-

senschaftlich-sozialen «Mahlstroms» erkennen [und nicht versuchen, seine Bedeutung und seinen möglichen Wert zu bestimmen], auf den wir unabwendbar zutreiben.
Als Ergänzung zu diesem relativ kurzen Papier möchte ich eine ganz neue «Version» meines alten *Comment je crois* [mein Glaube] schreiben, wobei ich genau die biologische Notwendigkeit [um nicht in dem sich nähernden «Mahlstrom» der «menschlichen Totalisation» zu ertrinken] der Entwicklung sowohl einer menschlichen Hoffnung als auch einer menschlichen *Einmütigkeit* [Hoffnung und Liebe] betone, die auf dem Glauben [ein gut kritisierter Glaube] an einen superpersonalen Brennpunkt der Evolution gründen. Und dann habe ich noch den Text meiner Sorbonne-Vorlesungen [halbfertig] zu vollenden: das kann aber bis zum Herbst warten. In St-Germain, so glaube ich, werde ich am Vormittag ruhig arbeiten und am Nachmittag spazierengehen und lesen. Besucher werden dort natürlich viel seltener sein als hier; doch sie werden noch kommen. St-Germain ist leicht zu erreichen. Und die Lage ist wirklich schön.
Entschuldigen Sie mich für all diese ideologischen Überlegungen. Doch werden Sie leicht begreifen, wie sehr all diese den Menschen betreffenden Fragen für mich wirklich lebendig sind [sehr viel lebendiger als die Fossilien der früheren Perioden meines Lebens], und dies um so leichter, als auch für Sie das Morgen vom Heute untrennbar zu werden beginnt. Ihr Wachwerden für die Essenz der modernen Kunst hat mich sehr interessiert. Ich glaube, Sie haben recht: gesellschaftlich, intellektuell und künstlerisch stoßen wir auf dasselbe Problem der menschlichen Transformation, so daß man nicht auf der einen Linie allein erwachen kann, sondern nur auf allen zusammen. Doch ich werde Ihre Hilfe brauchen, um die Bedeutung zu entdecken, um den Schauer nichtfigurativer Farben zu erfahren.

Clinique des Sœurs, Place Louis XIV, *St-Germain-en-Laye [Seine-et-Oise], 27. April 1949*

Dieses Mal schreibe ich Ihnen aus St-Germain, aus dem gefälligsten und schönsten Ort, den Sie so nahe bei Paris finden können. Der Wald steht in vollem frischem Grün, mit vielen während der Nacht «singenden» Eulen und am Tage rufenden Kuckucken [die Nachtigallen schweigen noch oder fehlen anscheinend]. Dieses Mal bin ich nicht in derKlinik selbst [eine weit bessere Regelung, da ich jetzt in guter physischer Verfassung bin], sondern in einer kleinen Villa, ganz am Waldrand und doch an einem durchaus sonnigen Platz. Mein Zimmer hat zwei Südfenster, und ein drittes Fenster öffnet sich gegen Osten, so daß ich praktisch den ganzen Tag Licht und Wärme bekomme. Unten ein großer und sehr bequemer Eß-Wohnraum mit einem guten Radioempfänger. Im gleichen Hause sind jetzt gerade [außer den höchst aufmerksamen Nonnen] außer mir drei [klerikale] Gäste da: ein recht netter Priester und zwei verhältnismäßig junge Kollegen von mir, die sich beide von Krankheiten erholen, die sie sich in China zugezogen hatten [einer von ihnen war mehrere Jahre mit mir in Peking]. Da es uns ganz freisteht, außerhalb der Mahlzeiten nicht miteinander zu verkehren, ist die Zusammenstellung ganz angenehm. Im übrigen hatte ich bisher – ich bin seit fast einer Woche hier – jeden Nachmittag verschiedene Besucher [fast zu viele für meinen Geistesfrieden]. So sehen Sie also, daß ich hier alles andere als verloren bin. Insgesamt und abgesehen von einem regnerischen Tag [nicht genug Wasser für die Felder!] ist das Wetter schön gewesen; so daß ich den größten Teil des Tages im Garten oder im Wald verbringen kann. Gewöhnlich verbringe ich den Morgen [oder genauer zwei Stunden des Morgens] mit Schreiben. Am Nachmittag, wenn kein mich besuchender Freund da ist, lese ich.

Eine gute Gelegenheit, um mit den letzten Erzeugnissen von Herrn Sartre und anderen bekannt zu werden. Tatsächlich bringt keines dieser Bücher, auch wenn sie mich interessieren, irgend etwas Tiefes oder Neues. Als ob ich in einer anderen Welt lebte.

In dieser meiner anderen Welt versuche ich immer weiter voranzukommen, indem ich meine privaten Gedanken weiterverfolge. Ich habe endlich begonnen, den kurzen [und druckbaren?] Artikel zu schreiben, von dem ich Ihnen berichtete, nämlich über die «neue Frage Galilei» und unsere gegenwärtige Position genau an einer Wegkreuzung, an der wir nicht mehr länger mit der Entscheidung warten können, ob wir es annehmen oder ablehnen, an den Wert und die Zukunft der menschlichen Totalisation zu glauben. Die Arbeit gibt mir eine angenehme Beschäftigung, weil ich hier [wie auf einem Schiff] in der glücklichen Lage bin, mich nicht beeilen zu müssen, was immer ich auch tue. Selbstverständlich bin ich jetzt «innerlich» noch nicht so ruhig, wie ich es sein sollte. Doch ich nehme an, der beste Weg, mit der Lage fertig zu werden, ist ruhig zu bleiben und Interesse an einem schöpferischen Weg zu bewahren.

Ich habe zweimal [weil ich meinen Augen nicht traute] die Stelle in Ihrem letzten Brief gelesen, wo Sie mir ankündigen, daß I. endlich verheiratet ist. Würden Sie glauben, daß ich gerade, bevor ich die Rue Oudinot verließ, beschloß, ihr einen langen Brief zu schreiben, um sie zu drängen [da sich die Angelegenheit, nach allen Anzeichen zu urteilen, von Monat zu Monat verschlechterte], *nicht* weiter darauf zu beharren, sondern A. sein Wort zurückzugeben und so die ganze Geschichte würdig und mit Stil zu beenden... Nun, jetzt, da alles vorüber ist, gebe ich die Hoffnung *nicht* auf, daß die Dinge sich von selbst einrenken werden. Wenn Sie I. zufällig sehen, sagen Sie ihr, wie froh ich [trotz der in

meinem Brief geäußerten Befürchtungen] über die Nachricht bin, daß sie verheiratet ist, und daß sie jetzt ganz furchtlos vorangehen muß. Kein Zögern, kein Bedauern, kein Fragen, kein Rückzug mehr: das ist der Weg des Heils für A. und für sie.
Ansonsten nichts Besonderes. Was Sie über meine «Zukunft» sagen, ist wahrscheinlich wahr [daß ich nämlich eine neue Aktivität finden werde]. Doch das Leben vor mir ist noch schrecklich unbestimmt. Aber ich kümmere mich nicht allzu sehr darum, solange ich fühle, daß ich etwas zu sagen und zu schreiben habe – mit anderen Worten, solange das innere Feuer weiter brennt.

Clinique des Sœurs, Place Louis XIV, *St-Germain-en-Laye, 4. Mai 1949*

Wieder einmal schreibe ich Ihnen aus meinem sonnigen Zimmer in St-Germain. Vor mir sehe und rieche ich das immer dichtere Blattwerk der Eichen und der Weißbuchen. Rechts im Garten leuchtet eine Blutbuche lebhaft rot in den Strahlen der Sonne. Gewiß ein außergewöhnlich angenehmer Ort, um sich zu erholen, insbesondere wenn Sie unser Mittag- und Abendessen sehen würden! Und so nahe bei Paris, daß ich seit fast zwei Wochen, die ich hier bin, jeden Tag Besuch [oder sogar mehrere Besuche] erhielt!
Nun, trotz dieser Besuche versuche ich, etwas auf meiner eigenen Linie zu tun. Heute morgen habe ich die Maschinenschrift meines kurzen Papiers [etwa 15 Seiten] über *La nouvelle question de Galilée* beendet, das ich in der *Revue des Questions Scientifiques* zu veröffentlichen versuchen will. Ich habe das Gefühl, annähernd richtig und hauptsächlich in der richtigen *Tonlage* nicht nur zum Ausdruck gebracht zu haben, was ich sah [das ist relativ leicht], sondern auch was

ich fühlte [was der Gefahr und der Schwierigkeit der Kunst sehr viel näherkommt]. Und jetzt bin ich einfach neugierig, ob das Papier von der Zeitschrift angenommen wird oder nicht. Denn wenn sie es nicht annehmen, wird es nicht aus irgendeinem philosophischen oder theologischen Grunde geschehen: sondern einfach, weil sie die Welt nicht so sehen, wie ich denke, daß sie ist [und wie sie, nehme ich an, jedermann morgen sehen wird]. Einfach ein menschlicher Test! Außerdem lese ich eine Menge meist leicht zu lesender Bücher, um meine literarischen Lücken aufzufüllen. In den letzten Tagen war ich von den *Schmutzigen Händen* von Herrn Sartre sehr beeindruckt. Ich halte nicht viel von der Sartre-Philosophie. Doch muß ich sagen, hinsichtlich der Begabung, eine dramatische [und «exemplarische»] Situation zu entwerfen und zu entwickeln, ist er ein erstklassiger Mann.

Zu meinen liebsten Besuchern gehört George Le Fèvre, Bürger von St-Germain [und, wie Sie wissen, der *Geschichtsschreiber der Gelben Kreuzfahrt*]. Da er den größten Teil seines Geldes in Schanghai investiert hat, ist er [wenn auch ganz stoisch] von der Entwicklung der fernöstlichen Angelegenheiten irgendwie betroffen. Vor ein paar Tagen erhielt er von seiner Schwiegertochter [sie lebt in Schanghai] ein recht beruhigendes Kabel. Doch das gefährlichste Element sind unter den gegenwärtigen Umständen die Tschiang-Kai-schek-Soldaten in der Stadt. Alles kann [oder kann nicht] jederzeit in diesem Menschenhaufen explodieren.

St-Germain-en-Laye, 11. Mai 1949

Mein Artikel über die «neue Galilei-Frage» muß jetzt in den Händen der Kritiker sein. Immer mehr meine ich, daß ich auf diesen wenigen Seiten wirklich ins Schwarze getroffen habe. Doch die Schwierigkeit liegt darin, für eine weite Verbreitung der Schrift zu sorgen. Wenn *La Revue des Questions Scientifiques* es nur nehmen würde, könnte ich eine Menge Sonderdrucke verlangen. Daß das Problem Nr. 1 gerade jetzt darin liegt zu entscheiden, was [unter einem objektiven und biologischen Gesichtspunkt] wissenschaftliche Sozialisation bedeutet, wurde gerade wieder bewiesen durch die Lektüre von *Ape and Essence,* die ich gestern beendete. Gewiß, Aldous Huxley ist ein Satiriker; und darüber hinaus betont er, daß «sich die Sache nicht hätte ereignen können», wenn nur die Menschen damals nach dem Zweiten Weltkrieg das menschliche Schiff richtig auf eine richtige Verbindung von Personalem und Universalem hingesteuert hätten [eine Feststellung, die überraschend richtig ist und *nicht* zum üblichen Vokabular von Aldous Huxley gehört]. Doch trotz dieses geringen Zugeständnisses an eine optimistische Sicht des Menschen kann man beim Lesen des Buches dem Gefühl nicht entrinnen, der Autor glaube in der Tiefe seiner selbst, daß Wissenschaft in erster Linie zur Zerstörung und Sex zur Korruption führt. Und genau dieser «Komplex» muß mit allen Mitteln, mit Stumpf und Stiel aus dem modernen Geist sowohl in religiösen als auch in literarischen Kreisen ausgerottet werden!

St-Germain-en-Laye, 18. Mai 1949

Alles in allem war die vergangene Woche besonders ereignislos. Außer vielleicht, daß mein Freund und Oberer [der «Provinzial» von Lyon] persönlich mich hier besuchen kam und sich äußerst freundlich benahm wie gewöhnlich, ohne jedoch irgend etwas Neues über Rom und die Zukunft sagen zu können. Ich habe auch den geologischen Aufsatz für Professor Jacobs *Festschrift* und auch einen kurzen *Nach-*

ruf auf Dr. Weidenreich beendet. So daß ich jetzt Zeit habe, an der ersten Niederschrift meiner Vorträge weiterzuarbeiten. Ich hoffe, Nr. 3 innerhalb von zehn Tagen zu beenden. Ich habe zuerst etwas gezögert, bevor ich die Arbeit wieder aufnahm. Jetzt aber packt mich allmählich wieder das Interesse an der Arbeit, wenn sie mich auch etwas zu sehr auf altem Gelände festhält. Sobald die Niederschrift beendet ist [etwa hundert Seiten], hoffe ich, eine Druckerlaubnis zu erhalten.

Außerdem habe ich eine Menge gelesen. Gerade jetzt habe ich *Le Sursis* von Herrn Sartre begonnen [Band 2 der *Chemins de la liberté*]: über die Tage von München, wie sie von einigen zehn [oder mehr] Gruppen vollständig verschiedener Leute erlebt wurden – ein schwer zu lesendes Buch, da alle zehn Gruppen sich miteinander bewegen [in demselben Kapitel oder sogar im selben Abschnitt], ein Vorgehen, das einige eigenartige Effekte ermöglicht, das aber insgesamt recht unangenehm ist. Ein höchst brutales und pessimistisches Bild der Menschheit, wie es bei Sartre üblich ist: intelligent, stark, so daß man kaum mit Lesen aufhören kann. Doch am Ende entdeckt man, daß nichts Positives übrigbleibt vom Ganzen, weder im Herzen noch im Geist.

In meinem letzten Brief berichtete ich Ihnen, wenn ich mich recht erinnere, über *Ape and Essence* von Aldous Huxley [viel für den Affen, nichts für die Essenz!]. Ist es nicht seltsam, so habe ich mir überlegt, daß ein so moderner Mann wie H. in eine solch altmodische Falle geraten kann: die Wissenschaft in erster Linie als eine destruktive Macht und Sex in erster Linie als eine korrumpierende Kraft und folglich die menschliche Evolution als das natürliche Reich Belials zu sehen?

... Zurück [wie er selbst sagt] ins Jahr 900 v. Chr.! Ich habe eine sehr einfache Methode [mit nur zwei Fragen] entwickelt, um die Leute unter dem Gesichtspunkt ihres «humano-evolutiven Index» zu testen. [Ich werde sie Ihnen erklären.] Diesen Test würde, so fürchte ich, Aldous nicht bestehen, aber Julian ganz sicher.

St-Germain, 25. Mai 1949

Hier nicht viel Neues. Die Tage vergehen schnell im alten Trott: Arbeit am Morgen und Besuche am Nachmittag. Bisher noch keine Nachricht wegen meines Artikels [über die *Galilei-Frage*]; aber wie ich Ihnen schon sagte, dies ist eher ein Beweis, daß das Papier angenommen und den Herausgebern der Zeitschrift in Belgien geschickt wurde. Tatsächlich habe ich mit der Rue Monsieur seit mehr als vierzehn Tagen vollständig den Kontakt verloren. In der Zwischenzeit habe ich heute Morgen Vorlesung Nr. 3 beendet [aber noch nicht in die Maschine geschrieben]. Die Arbeit war länger, als ich dachte, weil ich dieses Mal dem Text, wie ich hoffe, seine endgültige Form gab. Vorlesung Nr. 4 [die sich mit der historischen *Expansion* des Menschen befaßt, auf die jetzt eine *kompressive* Phase folgt, Vorlesung 5] ist nicht besonders leicht in einer neuen und fesselnden Weise zu bewältigen. Doch hoffe ich, sie bald mehr oder weniger vollendet zu haben. Am 9. Juni [um diese Zeit plane ich wieder in den *Études* zu sein] muß ich vielleicht vor einem Auditorium von Anthropologen einen kleinen Vortrag über das folgende Thema halten: *Der Sinn für die Art beim Menschen*. Das Thema habe ich gewählt. Das wäre der Ort, das Problem einer neuen Konzeption des Sex vorzutragen und zu diskutieren.

Ich war an dem interessiert, was Sie mir über die deutschen Frauen sagen. Doch ist es schwer, den allgemeinen Geisteszustand eines großen Landes wie Deutschland zu beurteilen.

Letzten Sonntag hatte ich den Besuch eines sehr sympathischen deutschen *Benediktiners* [der beauftragt ist, in der Nähe von Santiago de Chile ein neues Kloster aufzubauen]; und ich war glücklich überrascht zu sehen, wie modern die Philosophie und die Theologie der Mönche in dem großen Kloster von Beuron [Württemberg] sind. Etwas ist in der Christenheit ganz entschieden in Bewegung geraten.

St-Germain, 1. Juni 1949

Für mich verlief die letzte Woche ziemlich ruhig. Doch jetzt nähert sich mein Aufenthalt in St-Germain seinem Ende. Einerseits fühle ich so etwas wie Bedauern, die Ruhe und den Wald zu verlassen. Doch aus vielen Gründen halte ich es für besser, das Alltagsleben wieder zu beginnen. Es macht einen scheu, die ganze Zeit wie ein Halbinvalide behandelt zu werden.

Im übrigen blieb sich alles gleich. D'O. sagte mir, mein Artikel über das neue Galilei-Problem habe ihm gefallen, so daß ich, selbst wenn *La Revue des Questions Scientifiques* ihn [aus irgendwelchen Rücksichten] nicht nimmt, die Sache immer noch mit beliebig vielen Sonderdrucken in *Psyché* drucken lassen kann. Ich mußte einen kurzen Aufsatz [etwa 5 Seiten] für eine in der nächsten Woche in Paris stattfindende Tagung über folgendes Thema schreiben: *Le sens de l'espèce chez l'Homme* [Der Sinn für die Art beim Menschen]. Da der Aufsatz in dem Tagungsbericht veröffentlicht wird, habe ich gedacht, es sei der Mühe wert, einen Samen mehr in den Wind zu werfen. Heute erwarte ich eine Gruppe von jungen Leuten, die beschlossen haben, ein Gespräch mit mir mit einem Picknick in den Wäldern zu verbinden.

Immer mehr ist der wichtigste und fast einzige Kern meiner *Weltanschauung,* daß die beste und einzige Weise, seinen

Weg im Leben zu finden, darin besteht, sich hartnäckig an ein liebendes *Vertrauen* in das «Herz des Universums in und um uns» zu klammern.

Les Moulins par Neuville [Puy-de-Dôme],
17. August 1949

... das Leben hier nimmt seinen gewohnten Gang, außer am letzten Samstag, als wir etwa 40 km von Les Moulins in einem der wildesten Teile der Auvergne, die ich kenne, einigen Freunden einen Besuch abstatteten: ziemlich hoch [etwa 100 m] in einem hügeligen und dicht bewaldeten Land; doch das schöne kleine Schloß, wo wir empfangen und mit einem großartigen Mittagessen traktiert wurden, war gewiß einen Besuch wert. Innen stammte alles [bis zu den Vorhängen und den Bettdecken] geradenwegs aus dem 17. Jahrhundert. Und die Bäume rundherum [insbesondere die Linden] sind älter und größer als in St-Germain. Es ist seltsam, in einer solch tiefen Wildnis dieses altmodische Raffinement zu finden...

Ansonsten habe ich mich bisher kaum bewegt. Das Wetter ist noch ziemlich kühl, aber so trocken! Zumindest ist die Quelle beim Hause glücklicherweise im letzten Frühling gefaßt worden, so daß wir Wasser haben. Gewöhnlich lese ich um 8.15 Uhr morgens für die frömmeren Mitglieder der Familie in der kleinen Kapelle die Messe. Dann ziehe ich mich nach dem Frühstück in mein Zimmer zurück [mit dem Blick auf die Vulkane] und arbeite praktisch bis zum Mittagessen. Am Nachmittag schreibe ich weiter, oder ich mache einen Spaziergang, und meistens lese ich [ich habe gerade heute das Buch von Hemingway angefangen, das äußerst gut beginnt]. In Sachen Arbeit geht alles befriedigend voran. Die Korrektur meiner ersten beiden Vorlesungen nimmt etwas mehr Zeit in Anspruch, als ich annahm. Doch Vorlesung Nr. 1 wird morgen, so glaube ich, in die Maschine geschrieben sein; und Vorlesung Nr. 2 erfordert nicht viel Anstrengung.

Les Moulins, 19. August 1949

Seit zwei Tagen nicht viel Neues. Vorlesung Nr. 2 [die letzte, die noch korrigiert werden muß] wird, so glaube ich, in acht Tagen beendet sein. Und dann habe ich das Vergnügen, etwas Neues zu beginnen.
Heute habe ich von einem Benediktinerpater aus Beuron [Bayern] vier lange Seiten erhalten, die mich sehr stolz darüber machen, wie er [ein Professor der Theologie, der bald ein neues Kloster in Chile aufbauen soll] über meine «neue» Konzeption des Humanismus und des Christentums denkt. Solch eine Beurteilung, die von einem sehr fähigen Mann [der sich von mir der Geburt und der Ausbildung nach stark unterscheidet] stammt, ist für mich eine große «Ermutigung» und ein fester Beweis dafür, daß ich ins Schwarze getroffen habe; ebenso wie ein anderer Brief, den ich vor zwei Tagen erhielt, ein wirklich pathetisches SOS ist, und zwar von einem Mann, dessen Glaube ertrinkt, weil er nicht zu sehen vermag, wie die Schau Gottes und des Universums zusammenzubringen seien.

Les Moulins, 25. August 1949

Nichts Neues, außer daß wir vor zwei Tagen ein Gewitter und etwas Regen hatten – nur wenig, aber der Geruch der feuchten Erde war schön und neu. Ich habe mich nur innerhalb der Felder und der Wälder rings um das Haus bewegt. Und schließlich habe ich heute Morgen die letzte Seite der

Vorlesungen geschrieben [rund hundert Seiten, ziemlich gefüllt]. Ich muß nur noch die Seiten neu numerieren, das «Inhaltsverzeichnis» machen und ein paar Zeichnungen [fast fertig] für den Text entwerfen. Bald darauf will ich den «Report» für Rom in Angriff nehmen. ... Habe auch *The Sun Also Rises* zu Ende gelesen [aber warum dieser Titel?]. Es liest sich außergewöhnlich gut. Aber wenn man ans Ende kommt, entdeckt man mit Überraschung, daß in der ganzen Sache keine einzige Idee und kein einziger «zündender Gedanke» ist. Nur gerade eine pathetische Situation [weit mehr physisch als moralisch]; und eine Menge Sauferei. Und doch hat mir das Lesen Freude gemacht. ... Die Geschichten von Farrell gehen tiefer, meine ich; und ich habe sie gerne, zum Teil, weil der Autor von einem vertrauten [wenn auch enttäuschten] katholischen Standpunkt aus schreibt.

1. September 1949

Hier geht das Leben ereignislos weiter. Nichts besonders Aufregendes: doch dieses Land wirkt auf mich seltsam besänftigend. Am letzten Sonntag besuchten wir meine Schwägerin, nicht weit von hier an der Allier. An diesem Ort verbrachte ich so viele glückliche Ferien, als ich ein Kind war; und jedes Mal, wenn ich dorthin komme, freue ich mich in einer seltsamen Weise an den Erinnerungen der alten Tage. Jugend! ... Die meisten Bäume sind dieselben wie früher; und das Haus hat sich nicht verändert in all den fünfzig Jahren. Wir verbrachten nur einen Nachmittag dort. Aber der Tag war schön und der Weg inmitten der dichtbewaldeten Randgebiete der Limagne-Ebene ein Genuß.

Nebenbei beende ich mehr oder weniger, was ich Ihnen ziemlich ehrgeizig als Exerzitien beschrieb. Ich hoffe, ich bin

Gott näher. In Wirklichkeit muß ich bekennen, auch wenn ich glaube, den wichtigsten Trend meines «Evangeliums» immer deutlicher zu erkennen, daß mir der mögliche Inhalt des kommenden Jahres genauso wie zuvor ein Rätsel zu sein scheint. Doch vielleicht wird sich etwas ereignen, um meinem Leben irgendein positives Ziel zu geben. …
Bisher noch keine Nachrichten über den nach Belgien geschickten Artikel; doch bleibe ich in dieser Hinsicht optimistisch. Auf der anderen Seite hoffe ich, den «Report» für Rom im Laufe der nächsten Woche zu Papier zu bringen. In dem Falle hätte ich mein Ferienprogramm erfüllt.

Les Moulins, 12. Augsut 1950

… als ich gestern im Zug nachdachte, kam ich zu dem Schluß, die beste Beschäftigung, die ich mir für diesen Monat wählen könnte, wäre ein Versuch, zumindest eine Skizze meines Essays über *Das Herz der Materie* zu schreiben. Und jetzt sehe ich besser, daß das Ganze aus vier [und nicht nur drei] Fäden gewoben werden muß, nämlich: *Das Kosmische, das Humanum, das Christische und das Weibliche,* auch wenn ich noch nicht genau sehe, wie das vierte Element einzusetzen ist, das in einem gewissen Ausmaß weniger als ein eindeutiges Element in sich selbst zu wirken scheint denn als eine subtile Essenz der drei anderen: «Der Geist der Vereinigung».
Das Land hier ist etwas grüner als im letzten Jahr. Doch die «Eingeborenen» beklagen sich, daß der Boden ihnen noch trockener sei [die meisten Quellen liefern weniger Wasser als vor einem Jahr]. Die Trauben wären fast großartig geworden: doch kann alles fehlschlagen, wenn der Regen nicht kommt. Was natürlich eine viel finsterere Aussicht ist denn irgendein Koreakrieg.

14. August 1950

Gestern schrieb ich den ersten Entwurf für das Vorwort von *Das Herz der Materie*. Ich bin jetzt durchaus entschlossen, einen ersten Entwurf der Sache zu schreiben, ohne natürlich zu wissen, ob dieser Entwurf endgültig oder vielleicht der Kern für etwas Größeres sein wird. Schließlich glaube ich, das *Weibliche* wird als eine Art Schlußfolgerung oder *Hinweis* dargelegt und diskutiert werden: nicht so sehr als ein Element in sich selbst denn als eine Art von einem den ganzen Prozeß der universellen Verdichtung erhellenden Licht: *wahrlich,* wie ich Ihnen schrieb, «der Geist der Vereinigung».

17. August 1950

Das Wetter hier ist seit dem 15. recht kühl. Aber kaum etwas Regen. Mein Bruder verbringt seine Zeit auf dem Ausguck nach dem geringsten Anzeichen von Feuchtigkeit, und er klopft auf das Barometer in der Hoffnung, daß der Zeiger heruntergehen wird.

Keine Nachrichten aus Rom; außer daß ich in den Zeitungen gesehen habe, man sei dort entschlossen, *im November das Dogma der Aufnahme Mariens zu definieren.* Ich habe nichts [im Gegenteil] gegen irgendeine «Verherrlichung» Marias in der Christenheit. Doch halte ich an meiner Auffassung fest, daß bei dem gegenwärtigen Stand der Theologie eine solche «Definition» so etwas wie eine Herausforderung an die Physik und Biologie ist[1]. Möglicherweise brau-

[1] Diese Reaktion P. Teilhards wurde durch einige Artikel aus der Feder von Journalisten provoziert, die in ihren Beschreibungen der Himmelfahrt Mariens allzu sehr ihrer Freude am Wunderbaren nachgaben. Die Bulle *Munificentissimus Deus*, die am 1. November 1950 verkündigt wurde, gebrauchte dagegen sehr nüchterne Worte (Rene d'Ouince, SJ.)

chen wir diesen Exzeß an blindem Konservativismus, um das christliche Volk zu der Erkenntnis zu bringen, wie weit wir insgeheim in der Erkenntnis eines neuen Antlitzes *Gottes* vorangekommen sind.
Und langsam komme ich auch mit meinem «Buch» [oder genauer dem Essay] über *Das Herz der Materie* weiter. Doch braucht es Zeit, in Fahrt zu kommen *[démarrer]*, weil in diesem Fall alles von einem richtigen Verständnis des Problems und der psychologischen Elemente des Problems abhängt.

18. August 1950

Trotz der Trockenheit ist das Land schön, und ich trinke die heimische Luft wie einen Jungbrunnen. ... Ich habe einige Zeilen zu meinem Papier hinzugefügt. Bisher sehe ich noch nicht genau, bis zu welchem Umfang die Sache anwachsen wird. Aber eines ist sicher: selbst wenn er verhältnismäßig kurz bleibt, wird dieser erste Versuch eine Fülle von Licht in einige relativ dunkle Winkel meines Geistes [oder wenn Sie es vorziehen, meiner Seele] gebracht haben. Ich tue gerade jetzt mein Bestes, um meine Gefühle als Kind der Wirklichkeit gegenüber, die ich später die *heilige Materie* genannt habe, wieder einzufangen und zum Ausdruck zu bringen. Ein ziemlich heikler und kritischer Punkt, da aus diesen frühen Kontakten mit der «Essenz» der Welt unfraglich mein ganzes inneres Leben entsprungen und erwachsen ist. In diesem Falle zumindest kann niemand sagen, ich begäbe mich auf den Boden der Philosophie oder der Theologie. Eine persönliche psychologische Erfahrung: nichts mehr, aber auch nichts anderes.
Ich erhielt zwei weitere Briefe von Leuten, die mich sehen möchten: doch der eine scheint eher ein Poet zu sein, und der andere ist ein rumänischer Prinz – beide gehören, so

fürchte ich, zu dem «erleuchteten» [oder zumindest «unter-erleuchteten»] Typ, den ich wie Feuer zu meiden entschlossen bin. Möglicherweise irre ich mich.

22. August 1950

Die letzten Tage sind für meine Schrift nicht besonders förderlich gewesen. Zu viele Besuche und Fahrten – recht angenehm und entspannend, muß ich bekennen, so daß es mir nicht leid tut, aber immerhin hatte ich nicht mehr viel Zeit zum Schreiben [denken ist immer möglich angesichts einer schönen Landschaft, sogar in einem Wagen]. Vor zwei Tagen fuhren wir einige sechzig Meilen weit zu einer berühmten alten Abtei *[La Chaise-Dieu]* im Fichtenwald halbwegs zwischen hier und Le Puy. Gestern verbrachten wir den Tag in meinem Elternhaus [Sarcenat, nahe von Puy-de-Dôme, wo ich geboren bin], das jetzt meiner Schwägerin Marguerite gehört.

Am meisten gefiel mir an dem Trip nach *La Chaise-Dieu* die Fahrt durch ein sehr wildes Land, das dicht mit schwarzen und tiefen Wäldern bedeckt ist. Die Abtei selbst [äußerst majestätisch und massiv mit berühmten Wandteppichen und Gemälden wie dem *Totentanz:* der Tod tanzt mit allerlei jungen oder alten Leuten] machte keinen Eindruck auf mich. Wie gewöhnlich in solchen Fällen fühlte ich nur [deutlich stärker als je] eine Art Revolte und Zorn aufsteigen: für mich die äußerste Unmöglichkeit, mich noch irgendwie einer mittelalterlichen Form des Glaubens und des Gottesdienstes anzupassen; als ob ich erstickt würde durch das Eintauchen in einen «verdünnten» Gott. Ebenso unmöglich war es mir gestern in Sarcenat, in mein früheres «Selbst» wieder einzutreten. Was offensichtlich nicht beweist, daß ich den vitalen Wert und die vitale Funktion des mittelalterlichen Stadiums der Religion und der Mystik leugne, ebensowenig wie ich die Bedeutung und den «Fortbestand» meiner ursprünglichen Beschaffenheit [als ich ein Kind war] in meiner gegenwärtigen geistigen Struktur leugnen könnte: doch der Keim ist nicht der Baum, das ist alles.

Ja, aufs ganze war ich froh, gestern Sarcenat wiederzusehen. Doch die beiden wichtigen Dinge, die ich von dieser Fahrt in die Vergangenheit zurückbrachte, waren: a] die Bestätigung, daß die psychologische Analyse [so wie ich sie dieser Tage in meinem Essay skizziert habe] meiner mystischen Trends [als ich ein Kind war] richtig ist; und b] die endgültige Evidenz, daß ein ganzer früherer Kreis meines Selbst vollständig tot ist [weil die Welle jetzt sehr viel tiefer innen verläuft].

25. August 1950

Vorgestern gingen wir zu einem Essen in dem recht *herrschaftlichen* Schloß eines Vetters, das von den ausgedehntesten und schönsten Wäldern umgeben ist. Wir waren zwanzig Leute, und ich wurde genötigt, über die derzeitige religiöse Situation zu diskutieren [natürlich nicht die äußere, sondern die innere, die unsere moderne Gottesschau betrifft]. Und gestern wieder dasselbe. All diese Aufregung geht auf eine doppelte Geste Roms zurück, nämlich die Veröffentlichung einer recht fundamentalistischen *Enzyklika*[1] und die Ankündigung der «Definition» der Aufnahme Mariens als Dogma. Seit einer Woche verbringe ich meine Zeit damit, Leuten zu diesem Thema zu antworten. Insgesamt fühlen sich die «Gläubigen» von einigem intellektuellem Format restlos verloren, wenn sie einer Reihe

[1] «Humani generis», 12. August 1950

von Aussagen gegenübergestellt werden, die auf unsere moderne Erde wie aus einer lange verschwundenen Welt herabfallen. ... Ich werde Ihnen später [im *Gespräch*] meine eigene Position erklären. Ich glaube, ich sehe, was die römischen Theologen wollen, und ich stimme mit ihnen überein. Doch ihre Anschauungen werden in der unmöglichsten Sprache ausgesagt. Ich habe hier niemanden, mit dem ich meine Eindrücke austauschen könnte. Doch bin ich sicher, daß die große Mehrheit der französischen intellektuellen Christen ebenso wie ich selbst reagiert. Die spaßigste Konsequenz des Aufnahmedogmas ist, daß die Fundamentalisten einfach durch seine Bejahung der Ansicht Ausdruck verleihen, daß das Dogma *noch evolviert* [da kein Wort darüber sich in der Schrift befindet]: sie werden *Evolutionisten wider Willen!*

Les Moulins, 28. August 1950

Hier sind wir mitten in andauernden Gewittern [mit Hagel], die Les Moulins [bisher...] glücklicherweise noch nicht getroffen haben, aber doch sehr nahe kamen. Als Gegenleistung werden die Wiesen wieder grün. Aber die Landleute fragen sich noch, ob die Trockenheit nach allem nicht doch sicherer war. Im übrigen ist das Haus sehr still, tatsächlich so still, daß ich kurzentschlossen meine Chance ergriff und mit *meinen Exerzitien* begann. Was, wie Sie wissen, bedeutet, daß ich eine Woche lang versuchen werde, mich auf die Gegenwart Gottes zu konzentrieren. Ich habe die Niederschrift meines Essays nicht gerne unterbrochen. Und ich muß bekennen, daß die Exerzitien und der Essay in meinem Geist einander den Platz noch etwas streitig machen. Aber letzten Endes ist der Konflikt nicht sehr ernst, da sich schließlich beide mit derselben Sache befassen, nämlich der Suche nach einer besseren Schau Gottes. Auf jeden Fall

kann ich nicht mehr hoffen, das Papier vor dem 15. September zu beenden. Die Hauptsache ist, es ist so begonnen, daß ich *fühle,* ich kann es wirklich beenden. Und selbstverständlich hat das Zitat von Aldous H. mich sehr interessiert: «Die Quintessenz des Andersseins ist eben die Quintessenz unseres Besondersseins». Sehr gut. Doch ziehe ich noch Ihren Satz über die Bienen vor: «Es war eine Art Arbeiten und Lieben und Füttern, alles in einer schönen Geste». Genau das, was ich im *Milieu Divin* zum Ausdruck zu bringen versuchte.
Ich habe noch einige Reaktionen über [gegen] die Enzyklika des Papstes erhalten.... Und ich habe heute einen recht nachdrücklichen Brief an d'O. geschrieben. Doch, wie ich Ihnen sagte, ich bin weder überrascht noch verbittert noch deprimiert: eher erregt. Rom wäre so viel besser in der Lage auszusagen, was immer sie an Gutem dort im Kopf haben, wenn sie nur auf das hören würden, was ich ihnen seit Jahren zu sagen versuche. Und sie werden hören, dessen bin ich sicher. Indes *kann ich,* wie ich d'O. in meinem Brief sagte, *Leute nicht ernst nehmen, die glauben, mit Geschrei die Erde hindern zu können, sich zu drehen.* Und das ist alles.

Les Moulins, 6. September 1950

Nach einer regnerischen Nacht ist der Himmel wieder blau. Alles ist grün, naß; in den Wiesen wimmelt es von Pilzen; und [ich hoffe] die Trauben werden immer saftiger für die kommende *Lese* [am nächsten Sonntag vielleicht].
Nachdem meine Exerzitien vorüber sind, habe ich wieder [recht erfolgreich] begonnen, an meinem Essay über Materie, Liebe und Christus zu schreiben. Und jetzt bin ich praktisch sicher, dass der erste der drei Hauptteile vor nächster Woche beendet ist. Der schwierigste Teil, wie ich Ihnen

sagte, da er die recht verwickelten Wurzeln meiner heutigen Geistesverfassung behandelt. Letzten Endes erweist sich, daß es sich eher um ein Stück psychologischer Analyse denn um eine «überschwengliche» oder «poetische» Beschreibung meiner Jugenderfahrung handelt. Doch ich mache einfach weiter, indem ich meinem Instinkt und *meinen Erinnerungen* folge. Die Teile heißen ganz gewiß: 1. *Das Kosmische [oder das Evolutive]; 2. das Humanum [oder das Konvergente]; 3. das Christische [oder das Zentrische];* mit einer «Zusammenfassung» über *das Weibliche [oder das Unitive (?)].* Wie gewöhnlich schreibe ich am Vormittag; am Nachmittag dagegen mache ich recht lange Spaziergänge in die Wälder, oder ich lese, oder ich höre Radio. Da wir vom Lesen sprechen, ich habe gerade den *Idiot* beendet, den ich nicht besonders gut finde, abgesehen von einigen bemerkenswerten Perlen [«Genau wie die Freude einer Mutter, wenn ihr Kind ihr zum ersten Mal in die Augen lächelt, so ist Gottes Freude, wenn eines seiner Kinder sich zum ersten Mal ihm zukehrt und zu ihm betet...»]. Wirklich, diese Russen sind für mich allzu chaotisch. Und doch lohnt es sich, sie zu lesen.

Les Moulins, 8. September 1950

Ich hatte am letzten Sonntag auch die Lesung beachtet: «Sorge dich nicht um materielle Dinge... Gott wird vorsorgen.» Im allgemeinen mag ich diesen Teil des Evangeliums nicht besonders gern, weil allzu viele Leute ihn als einen Hinweis interpretieren, daß die Weiterentwicklung der Erde und des Menschen nicht in die genuine Linie des Christentums gehöre. Nimmt man sie aber so, wie Sie es tun [d. h. in der Bedeutung, daß Gott für diejenigen vorsorgen wird, die sich mehr für ihn einsetzen denn für sich selbst],

sind diese Worte die besten, die Sie in diesem besonderen Augenblick finden konnten.
Hier nichts Besonderes. Die «Pilger» werden zur größten Freude von jedermann hier, einschließlich des Hundes [der sich seit fünf Tagen restlos verloren fühlt] und meiner selbst heute Abend erwartet. Gestern kamen meine Schwägerin, ihr Sohn und die kleine Chantal [die Enkelin] zu einem kurzen Besuch vorbei zusammen mit einer ganzen Wagenladung ziemlich entfernter *Vettern* und *Kusinen* – sehr nette Leute, die einem aber schmerzlich bewußt machen, wie sehr für viele Menschen das Leben vollständig ereignislos ist [sie scheinen sich dessen glücklicherweise nicht bewußt zu sein].
Im übrigen nichts Besonderes, außer daß mein Essay weiter vorankommt, langsam, aber regelmäßig. Eigentlich fühle ich keine Notwendigkeit, schnell voranzumachen, damit die Dinge Zeit haben können, in meinem Geist zu reifen.

Die Schau in die Vergangenheit

Aus dem Französischen. 398 Seiten. Leinen. DM 25,– Fr. 27.50. «Der Buchtitel deutet an, daß alle Beiträge um Fragen der Evolution kreisen, die Teilhard für die anorganische und organische Welt, den Menschen inbegriffen, mit Überzeugung bejaht.»

Neue Zürcher Zeitung

Die Menschliche Energie

Aus dem Französischen. 380 Seiten. Leinen. DM 25,– Fr. 27.50. «Die Kühnheit des Entwurfs muß den, der in tradierten Bahnen zu denken gewohnt ist, verblüffen, wenn nicht gar schockieren. Teilhard wirft unserer Zeit einen ‹Mangel an Universalismus› vor.»

Bayerischer Rundfunk, München

Die Lebendige Macht der Evolution

Aus dem Französischen. 285 Seiten. Leinen. DM 25,– Fr. 27.50. «Das vorliegende Buch enthält 23 Einzelabhandlungen aus der letzten Periode seines Lebens (1945–1955), in der sein Interesse sich immer mehr den sozialethischen Menschheitsaufgaben zuwandte.»

Bücherei und Bildung, Reutlingen

Wissenschaft und Christus

Aus dem Französischen. 295 Seiten. Leinen. DM 25,– Fr. 27.50. «Diese Schriften zeigen die Einheit der wissenschaftlichen Schau Pierre Teilhard de Chardins, wie sie sich im Verlauf seiner Forschungen als Paläontologe und im Aufstieg seines christlichen Denkens herausgebildet hat.»

Centre d'information du livre chrétien